中国人は言葉で遊ぶ

相原 茂

現代書館

中国人は言葉で遊ぶ＊目次

第一章　中国人は言葉で遊ぶ……7

第二章　日中いぶこみの中で……………………………77

第三章　折々のことなど

我家养了
一条狗
名字
叫摸
子、她
很喜欢
跟别人
玩儿
Mào

第一章　中国人は言葉で遊ぶ

ジョークの中の恋人たち

この世にいるのは男と女。ジョークにとりあげられるのも勢い夫婦や恋人たちにかかわるものが多い。これは世界共通だ。

一对五〇岁的夫妻结婚二十五周年庆祝，烛光晚餐时，丈夫深情地说：〝我度过了最完美幸福快乐的二十五年。〟妻子幸福地凝望着丈夫的眼睛。丈夫继续说：〝然后我遇到了你……〟

【訳】五〇歳の夫婦が結婚二十五周年を祝っていた。蠟燭の光がきらめく晩餐の席で夫がしみじみと言った。「私はこれ以上なく幸福で甘美な二十五年間を過ごした」。傍らの妻は幸せそうに夫の眼をじっと見つめた。夫は続けて言った「その後、私は君と出会ってしまった……」。

〝把你最值钱的东西交出来！〟面对劫匪的恐吓，男友二话不说，把我给推了出去。一时间我竟不知应该感动还是生气。

【訳】「お前の一番大切なものを出せ！」強盗に脅かされて、彼ったら迷うことなく私を差し出したの、私喜ぶべきかしら、それとも怒るべきかしら。

一男子中了五百万大奖，找到女友说：〃亲爱的，我中了五百万，咱俩分了吧！〃女友感动的直点头。分手后女友大骂：〃尼玛，老娘还以为你要跟我分钱！〃

【訳】ある男、五〇〇万元の宝くじに当たった。彼女を呼び出して言った。「愛しき人よ、宝くじで五〇〇万元当たった。俺たち二人、分けよう！」彼女は喜びうんうんと頷いた。別れたあとで、彼女は怒鳴り散らしていった。「くそったれが、お金を二人で分けるのかとおもったよ！」

〃咱俩分了吧！〃は「俺たち別れよう」という意味もある。このジョークは最後のオチを聞いて、後戻りしてキーフレーズ〃咱俩分了吧！〃の真意を遅ればせながら知るというしくみだ。なお、〃尼玛〃とは〃你妈〃のこと、〃他妈的〃のバリエーションだ。

小时候去动物园看老虎，发誓长大以后也要养一个。二〇年后，我的梦想终于实现了。不说了，该给我媳妇做饭去了。

【訳】子どもの頃、動物園で虎を見た。そのとき私は誓った。大きくなったらきっと虎を飼うんだと。二〇年後の今、私の夢は実現した。さてさて、女房に飯を作ってやらなくちゃ。

ここでの〝老虎〟は中国語でいう〝母老虎〟（メスの虎）のことで、性格の悪い妻を指す。「ご飯を作ってやらなくては」という文で、主人公が女房に頭が上がらない恐妻家であることが窺える。

「中国産」ジョークか？

昔々、といっても一〇年ぐらい前だが、私が中国のジョークに興味を持った頃、一つ悩みがあった。

中国のジョークを紹介したいのだが、それが果たして本当に中国産かどうか、分からないのだ。

例えばこんなジョークがある。

一个 男子 到 车站 接 妻子。

Yí ge nánzǐ dào chēzhàn jiē qīzi.

妻子：你能不能 笑一笑？

qīzi: Nǐ néng bù néng xiàoyixiào?

瞧 人家 那对 夫妻 有说 有 笑 多 开心。

Qiáo rénjia nèi duì fūqī yǒu shuō yǒu xiào duō kāixīn.

丈夫： 他是来给她 送行 的。

zhàngfu: Tā shì lái gěi tā sòngxíng de.

【訳】

ある一人の男が駅に妻を出迎えにいった。

妻：「少しは笑顔にできないの？　あちらのご夫婦を見てよ。ニコニコ嬉しそうじゃない」

夫：「あれは奥さんを見送りにきているのだよ」

中国語で書かれてはいるが、中国産なのかどうか確証はない。中国社会を反映しているわけでもないし、中国独自の男女関係でもない。こういうのはいわば世界共通だろう。欧米のジョークの翻訳かも知れない。紹介するに当たっては、そういう不安が消えなかった。

ところが、今はどうだ。中国のジョークは成熟したと言えるのではないか。まぎれもなく中国産ジョークと思しきものをどんどん量産している。一読即中国社会を反映していると分かるのだ。

一名女顾客来店里剪头，她洗完了头坐在凳子上，

发型师问她，〝美女今天想怎么做啊？〟只听她回答：

〝不烫头发，不染头发，不做营养，不办会员卡，

不买饰发品，只剪短，从现在开始咱俩谁先说话谁王八蛋，开始剪吧！〟

【訳】

一人のお客が髪をカットしに来た。シャンプーを済ませて椅子に座ると、スタイリストが彼女にたずねた。「今日はどのようにいたしましょう?」すると彼女は答えた。「パーマはかけない、髪は染めない、トリートメントもなし、会員証は作らない。髪飾りは要らない、ただ短くカットして。それから今から私一切口をきかないから、そちらも話しかけないで。さあカットはじめて!」

このジョークからは、中国の美容院に行くとお店の人にあれこれ商品を勧められて、お客は断るのが一苦労ということが窺える。日本だって床屋や美容院では話に花が咲く。まして商売熱心な中国なら、その内容も想像がつく。これはそういうことに悩まされる客が先手をとって相手を制したものだ。言葉の上でも〝谁先说话谁王八蛋〟(どちらでも先に口をきいた者がまぬけ)という言い方がでてきたりして、まぎれもなく中国産だ。

相手の機先を制する、といえば、こんなジョークを思い出した。一読して何を言っているのか分かれば、あなたはかなりの中国通だ。

去相亲,女孩说:你好。

我回答：你好，房产证写你名字，我妈会游泳，生儿生女都一样。

【訳】

お見合いに出かけた。女の子が言った。「こんにちは」

私は答えた。「こんにちは。不動産登記簿にはあなたの名前を書きます。私の母は泳げます。子どもは男でも女でもどちらでも」

お見合いは今や女性優位である。男の数が圧倒的に多く、結婚できない男子があふれている。そこで強気の女子がお見合いでする三つの質問というのがある。

その1．結婚に際しては男性が家を用意するが、その名義に奥さんの名が記載されているか。記載されていればいざ離婚というときに半分権利がある。だから「家の不動産登記簿に私の名前を記入するか」という質問がまずくる。

その2．二つ目の質問は「もし河で私とあなたのお母さんが同時に溺れたら、あなたはどちらを救うか」というもの。これは答えにくい、いじわるな質問だ。

その3．最後に、生まれてくる子どもの性別だ。女の子が生まれたからといって奥さんのほうが責められたのではかなわない。

以上が、お見合いで女性側からなされる定番の三大質問だ。だから男性は「先手を打って」訊かれる前に答えてしまった、というわけだ。

ね、間違いなく中国産でしょ。

三行情书（三行ラブレター） その1

「三行ラブレター」は、最初は漢字教育をアピールする目的で、日本漢字協会により発案された。テーマは自由で、六〇文字以内、三行の詩の形で創作する。

二〇〇八年に日本のバラエティ番組「cartoon KAT-TUN」で、三行ラブレターを披露するコーナーがあり、知名度が一挙に高まった。その後、中国人の間でもインターネット上で流行し、二〇一〇年には浙江大学が「三行ラブレター」のコンテストを開催し始めるや、全国的に多くの大学が同じようなイベントを行うようになった。

例えば次は日本の作品の一つ。

おみくじは凶だったけど
こんな彼女と初詣している俺は
限りなく大吉だろ、神様

なかなかうまい。ではまず中国の浙江大学でのコンテスト入賞作品を紹介しよう。大学内の各学院、ほぼ日本の学部に相当するのだが、その特徴を活かした作品であることにもご注目。

1、法学院

自从遇见你　Zìcóng yùjiàn nǐ
我的心里　wǒ de xīnli
被判无期徒刑　bèi pàn wúqī túxíng.

【訳】

あなたと出会った時から
私の心は
無期懲役に処されてしまった

2、药学院

我知道感冒要吃泰诺　Wǒ zhīdao gǎnmào yào chī tàinuò
止痛要吃阿司匹林　zhǐtòng yào chī āsīpǐlín
可我不知道想你了该用什么药　kě wǒ bù zhīdào xiǎng nǐ le gāi yòng shénme yào.

【訳】
風邪をひいたらタイレノールを飲む、
痛みがあったらアスピリンを飲む、
でも貴方を想ったら、何を飲めばいいのだろう

「タイレノール」は解熱鎮痛剤の名前。

3、外国语学院
为了把 I LOVE YOU 翻译成你爱的句子　Wèile bǎ I LOVE YOU fānyìchéng nǐ ài de jùzi
我翻遍所有词典　wǒ fānbiàn suǒyǒu cídiǎn
面对你却只能说出：今夜月色真美　miànduì nǐ què zhǐ néng shuōchū : jīnyè yuèsè zhēn měi

【訳】
「I LOVE YOU」をあなたが好きな言葉に訳すために
あらゆる辞書を調べた
けれどもあなたの前では、「今夜の月は美しい」としか言えなかった

最後の〝今夜月色真美〟についてはこんなエピソードがある。

昔、夏目漱石が英語の教師をしていた頃、授業で一人の生徒がI love youを〝我、汝を愛す〟と訳したところ、漱石先生は「それはおかしい、〝月が綺麗ですね〟程度に言っておけば、まともな女性になら、気持ちが伝わるはずだ」と言ったという。この逸話が、中国のインターネット上で話題になり、若者の間でこの言葉が流行した。

三行情书（三行ラブレター）その2

浙江大学以外の大学でも「三行ラブレター」コンテストは行われた。例えば次は北京師範大学での入選作。

我不等你谁等你　Wǒ bù děng nǐ shéi děng nǐ
我不等你我等谁　wǒ bù děng nǐ wǒ děng shéi
你不等我我等你　nǐ bù děng wǒ wǒ děng nǐ

【訳】
私があなたを待たないなら、誰があなたを待つの？
私があなたを待たないなら、私は誰を待てばいい？
あなたが私を待たなくとも、私はあなたを待つ。

大学生の作品だけあって、恋愛ものが多い。次もそうだが、ちょっと変わっている。これは

「武漢大学第二回三行詩大会」で「人気賞」を獲得したもの。

螃蟹在剥我的壳，笔记本在写我，Pángxiè zài bāo wǒ de ké , bǐjìběn zài xiě wǒ ,
漫天的我落在枫叶上雪花上，màntiān de wǒ luòzài fēngyè shàng xuěhuā shàng ,
而你在想我。ér nǐ zài xiǎng wǒ .

【訳】
カニが私の殻を剥き、ノートが私のことを書いている。
空を覆う私は、楓の葉に、雪の華に落ちる。
そしてあなたは私のことを想っている。

一見して意味不明な内容だが、「世界が逆転すれば、あなたは私のことを想うようになる」という、片思いの切ない恋心を表現している。

中国には〝颠倒歌〟diāndǎogē という面白い伝統がある、「あべこべ歌」とでも訳せばよいか。よく取り上げられる典型的なものを紹介しよう。

咬牛奶，喝面包，夹着火车上皮包：
东西街，南北走，出门看见人咬狗：

拿起狗来砸砖头，又怕砖头咬我手。
Yǎo niúnǎi , hē miànbāo , jiāzhe huǒchē shàng píbāo ;
dōngxī jiē , nánběi zǒu , chūmén kànjiàn rén yǎo gǒu ;
náqǐ gǒu lái zá zhuāntou , yòu pà zhuāntou yǎo wǒ shǒu .

【訳】
牛乳を食べ、パンを飲む、汽車を小脇にカバンに乗る：
東西の通りを、南北に行く、家を出ると人が犬に咬みついて：
犬を手にレンガにぶつける、レンガに手を咬まれないか心配だ。

さきほどの「三行ラブレター」も実はこのような〝颠倒歌〟であることがお分かりだろう。元に復元すれば、大体次のようになろう。これが現実である。

我在剥螃蟹的売，我在写笔记本，
漫天的雪花落在枫叶上我头上，
而我在想你。

そのほか、インターネット上には、母への愛情を表す三行詩もある。親元を離れ、一人大学の宿舎で学ぶ大学生の姿が浮かび上がる。

有一个人从来不接我电话　Yǒu yí ge rén cónglái bù jiē wǒ diànhuà
但挂断一分钟后我的电话就会响　dàn guàduàn yì fēnzhōng hòu wǒ de diànhuà jiù huì xiǎng
她就是妈妈　tā jiù shì māma

【訳】
一度も私の電話に出ない人がいる。
でも諦めて切ったらすぐ私の電話が鳴る。
その人は母親である。

息子に電話代がかからないようにという親心であろう。次も説明不用だろう。

我跟妈妈说，给我寄双鞋子吧。Wǒ gēn māma shuō, gěi wǒ jì shuāng xiézi ba.
第二天，我就收到了。Dì èr tiān, wǒ jiù shōudào le.
鞋子、袜子、毛衣和手套。Xiézǐ、wàzi、máoyī hé shǒutào.

【訳】
靴送ってよと母さんに言った。

翌日届いた。
靴、靴下、セーターと手袋。

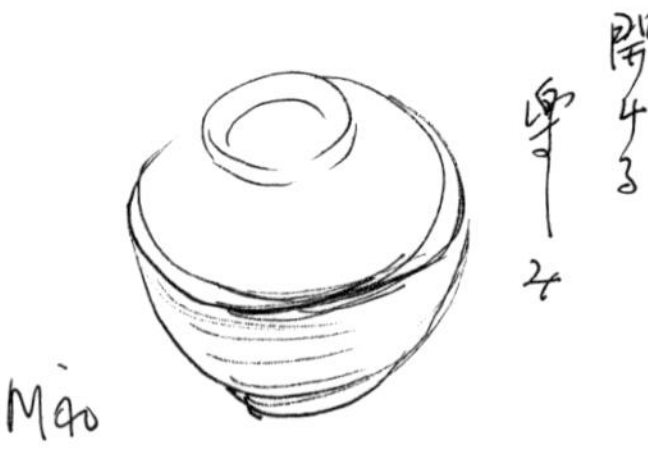

分かる？ この標語——環境保護 その1

いま日本では中国人観光客の爆買いが話題だ。どっと押し寄せ、目指す商品をどっさり買う。大切なお客様には違いないのだが、やっかみもあるのか、そのマナーが問題になることもある。いわくレストランで食べ残しが多い、ゴミを持ち帰らずあたりかまわず捨てる、話し声が大きい、などなどだ。

中国国内でも、食べ残しが問題になったり、ゴミ捨てなどの公共道徳の向上が叫ばれている。少しずつ良くなっていると信じたい。環境保護などもその一環だろう。

環境保護に限らないが、中国の標語やキャッチコピーで感心するのは、たいていユーモアが仕掛けられていることだ。気の利いた言い回し、「うまいなあ」と思わせる一句が入っている。そしてそれは外国人には、素養がないと、ちょっと難しいのも事実だ。

例えば次は公園などで見かけるもの。

●手下留情，脚下留青。Shǒu xià liú qíng , jiǎo xià liú qīng .

〝手下留情〟はもともと「お手やわらかに」という意味だ。ここではそれを受け、後にくる〝脚下留青〟と対になっている。〝脚下留青〟は敢えて言えば「おみ足もやわらかに」ということで「芝生に入らないで」という呼びかけになっている。すると前半は「手で花を摘まないで」ということになるだろう。誰でも知っている〝手下留情〟、そこから〝脚下留青〟を作り出したのがうまい。さらに〝情〟と〝青〟が韻を踏み、「青い芝生」を指しているのも憎い。

このように、中国の標語には四字成語を利用したものが多い。何と言っても口調が良い。次も成語〝高抬贵手〟が下敷きになっている。

●小花小草，高抬贵脚。Xiǎo huā xiǎo cǎo , gāo tái guì jiǎo .

〝高抬贵手〟も同じく「お手やわらかに」という意味だが、一歩進んで「寛大な処置を」と許しを乞うときにも用いられる。ここでも〝手〟を〝脚〟に変えて、足下の草花たちに「おみ足やわらかに」、つまり踏みつけないでくださいと言っている。

次は少し長いが、やはり文末に四字成語が隠れている。

●要想小草好，请不要在小草上手舞足蹈。

Yào xiǎng xiǎocǎo hǎo , qǐng búyào zài xiǎocǎo shàng shǒu wǔ zú dǎo .

訳してみると「芝生のためを思うなら、どうぞ芝生で小躍りはご遠慮下さい」とでもなろう。最後の〝手舞足蹈〟が成語で「踊り上がらんばかりに喜ぶ」という意味だ。〝请不要〟はよく標語などに用いられ「〜はご遠慮下さい」という丁寧な禁止をあらわす常套句。

以上はいずれも公園内の芝生の立て札に見えるキャッチコピーであったが、街中でのゴミ捨て禁止を呼びかけるものもある。

●一叶知秋，一屑知城。Yí yè zhī qiū , yí xiè zhī chéng .

ここではまず〝一叶知秋〟が四字成語で、「一葉落ちて天下の秋を知る」、つまり「わずかな兆しから全体の動きを察知する」という意味であることはご存じだろう。それを受けて〝一屑知城〟という即成四字句を作り上げたわけだ。こちらは「一つのゴミから、〝城〟を知る」、〝城〟とは「街、都市」のことだから、その街の民度の高さ、環境保護の意識の高さが分かる、という意味になる。

最後に、これは四字成語が使われているわけではないが、〝吐〟の一字の多義性が活躍する。

●不吐你不快，你吐大家都不快。Bù tǔ nǐ bú kuài , nǐ tǔ dàjiā dōu bú kuài .

意味は「吐かないとあなたは不愉快だろうが、あなたが吐いたらみんなが不愉快になる」で、もちろん〝吐〟tǔとは「痰を吐く」ことだ。発音も第三声になる。tùと第四声で言うと「気分が悪くて吐く」ほうの意味になる。面白いことに、ここにはもう一つ〝吐槽〟tǔcáoの〝吐〟の影もさしているようだ。これは日本語の「ツッコミ」のことで、そうすると〝不吐不快〟は「突っ込まないと気がすまない」という意味合いも出てくる。かくて二重三重の意味の絡み合いを味わいながら、ぐっとツバや痰を飲み込むわけだ。

分かる？　この標語——環境保護　その2

「白髪三千丈」というのは中国人の誇張好きの例としてよくあげられる。環境保護の標語でも、「ちょっといくら何でも」という大げさなものがある。

●小小一口痰，胜过原子弹。Xiǎoxiǎo yì kǒu tán , shèngguò yuánzǐdàn .

「ぺっと吐いた痰」それが「原子爆弾よりもすごい」というのだから、われわれの感覚では、ちょっと言い過ぎと思わざるを得ない。〝痰〟tán と〝弹〟dàn の発音が似ているし、韻も踏んでいる。だから〝一口痰〟と〝原子弹〟がペアになることを思いついたときは「これだ！」と思ったのだろう。

次は〝牛皮癣〟という比喩が登場する標語だ。

●杜绝〝牛皮癣〟，爱护城市脸。Dùjué〝niúpíxiǎn〟, àihù chéngshì liǎn .

〝牛皮癣〟とは体や顔に乾癬ができる病気だが、これが現在では柱や壁などにべたべたと貼られるチラシやポスターなどを指す。「乾癬」を無くし、都市の顔を美しく保ちましょうというのだ。ここでも〝癬〟と〝脸〟が押韻している。

これまで見てきたコピー、いずれも対をなしている。真ん中に一回カンマが入って区切られ、左右対称をなす。次は少し長めだが、対をなしていることには変わりない。

● 除了相片，什么都不要带走；除了脚印，什么都不要留下。
Chúle xiàngpiàn , shénme dōu búyào dàizǒu ; chúle jiǎoyìn , shénme dōu búyào liúxià .

「写真の他は、何も持ち帰ってはいけません、足跡以外は何も残してはいけません」というのだが、前半は「花を摘んで持ち帰らないこと」、後半は「ゴミを残さないこと」という呼びかけになっている。一方は「持ち帰るな」、他方は「持ち帰れ」と言っているわけだ。おしまいに七言の古体詩のスタイルをとっているものを紹介しよう。

● 赏花爱花花更美，观景惜景景更幽。
Shǎng huā ài huā huā gèng měi , guān jǐng xī jǐng jǐng gèng yōu .

「花を愛で花を愛せば花さらに美しく，景を眺め景を愛しめば景さらに幽遠なり」。これは優雅にして風格がある。誰がこういう標語を作るのだろう。きっと深い教養の持ち主が文句をひねりだすのだろうが、「してやったり、どうだ！」という得意げな顔が目に浮かぶようだ。

日本の公園や街中にも標語は見かけるが、ウイットに富んだものや、学識を窺わせるものは滅多にない。中国はさすが文字の国である。

四夜怪談

中国語で「怪談」はどう言うのだろう。そのまま〝怪谈〟では「奇っ怪な話」というぐらいの意味になってしまう。〝恐怖故事〟とでもしておこう。私はホラー映画は苦手である。だからあまり見ない。中国の怪談話もあまり聞かないようにしている。それでも最近は日本のホラー映画の影響も受けてか、これまでとはひと味違った「恐怖」を感じさせるものが出てきた。

男子一家人去旅游，结果他妻子从山峰最高处跌下。后来他娶了年轻貌美的新老婆，次年有了可爱的女儿。他从来不让女儿去山上看风景。终于在女儿十岁的时候全家第一次去登山，女儿开心地跑向山顶，他大惊失色，一把抱住她，女儿扭头呵呵一笑：〝爸爸，不要再把我推下去了！〟

【訳】ある男、家族と一緒に旅行に行ったところ、妻が山の頂から足を滑らせて落ちてしまった。その後、男は若くてキレイな女性と再婚し、翌年には可愛い娘が生まれた。彼はいつも娘を山に行かせないようにしていたが、娘が一〇歳の時に、家族みんなで初めて山登りへ出かけた。娘が楽しそうに山の頂へ向かって走りだしたので、彼はあわてて娘を抱きかかえて止めた。すると娘は振り向いて彼に笑いながら言った「お父さん、もう二度と私を山から突き落とさないでね！」

ああ、怖い。しかし、この怖さはどこか日本的である。次も似ている。殺されるのはいつも妻である。

一对夫妇平时总吵架，一次两人又吵起来，丈夫一怒之下杀害了妻子，然后把她的尸体埋在了后院里。过了几天，男的觉得很奇怪，为什么这几天孩子都没有见到妈妈却不问呢？于是有一天他问孩子："这几天妈妈不在家，你怎么一点也不着急呢？"孩子答道："我觉得好奇怪啊，为什么爸爸你这几天一直背着妈妈呢？"

【訳】よく喧嘩をする夫婦、あるときまた喧嘩の末、夫はカッとなって妻を殺害してしまい、その死体を家の裏庭に埋めた。何日か経ったが、不思議なことに、子どもは母親がいないのに何も聞いてこない。そこである日男は子どもに聞いた「最近お母さんが家にいないのに、どうして平気なんだ？」子どもは答えた。「僕もおかしいと思っているんだ。お父さんはここ数日、どうしてずっとお母さんを背負っているの？」

怖いなあ。男の背後からうらめしそうな女の顔が立ちのぼる。

男子晚上回家，在一楼按了电梯。他要上六楼，很幸运地，电梯一下子就来了……电梯里面空无一人，他走进去电梯马上就关上了。到了四楼的时候，电梯突然打开了。有两个人在外面探头探脑的，意思想要进来，可不知道为什么看了看又没有进来。电梯门又关上了，就在电梯门即将关上的瞬间，男子清楚的听到外面的人说：〝电梯里怎么这么多人啊！〞

【訳】ある夜帰宅した男性が、一階でエレベーターのボタンを押して六階に行こうとした。ラッキーにもエレベーターはすぐに来た。中には誰もおらず、彼が入るとドアはすぐに閉まった。四階に着くとエレベーターのドア突然開いた。外で待っていた二人は、中を窺うようにして入ろうとしたが、なぜか分からないが結局止めてしまった。エレベーターが閉じる瞬間、男は二人がこう言うのをはっきりと聞いた。「どうしたんだろう、エレベーターひどく混んでいるね！」

こういうのは都会のミステリーというのだろう。狭いエレベーターの中で、思わずまわりを見渡しそうだ。それでは最後の第四話をどうぞ。

某女生考上了大学，一个人在公寓开始生活。她意外地发现房间墙壁有一个小孔，这个小孔似乎可以看穿到隔壁的房间。她试着偷偷看了一下，小孔的另一边是深红色的。隔壁的房间会不会是贴了红色的海报呢，抱着这样想法的女大学生三天两头就往那个小孔看，可不管怎么看都一直是一片红色。好奇的她询问了公寓的房东：〝我隔壁的房间住着怎样的人？〞房东回答：〝你隔壁房间住着

一个感染眼疾的人喔！〃

【訳】ある女子学生が大学に受かり、一人でアパート暮らしを始めた。部屋の壁に小さな穴があり、そこから隣の部屋が覗けるようだと気づいた。試しにこっそり覗いてみると、穴の向こう側は赤一色だった。隣の部屋には赤いポスターでも貼ってあるのかもと思いながら、彼女はたびたび穴の向こうを見るが、いつもずっと赤いままであった。そんなある日、彼女はアパートの大家さんに隣の人のことを尋ねた。大家さんは答えた。「あなたの隣の部屋には、目の赤い眼病の人が住んでおるんだが」。

覗かれていたのは自分だった、という話。

公共広告だって

中国にも公共広告がある。街をきれいにとか、芝生に入らないようにしましょう、といったものだ。最近では〝光盘行动〟というのがあった。これは「お皿に食べ残しをなくそう」という運動だ。食べ物を無駄にしないように、資源節約を呼びかけた。この広告、デザインもすっきりしていてなかなかのものだ。

一方、公共標語にもすごいものがある。

爱护公共卫生长年百岁，随地乱丢垃圾死儿绝女

（公衆衛生を守る人は長生き百年、所かまわずゴミを捨てる人は息子も娘も死に絶える）

最後の〝死儿绝女〟というのがすごい。もっと物騒なものもある。

拒捕者，当场击毙！（逮捕を拒否する者は、その場で銃殺）

これはこの前に〝飞车抢劫〟などがついている。つまり「バイクによるひったくり犯」だ。〝当场击毙〟は最近よく見かけるらしい。次はある銀行のロビーにあったもの。

対正在抢劫银行的犯罪分子予以
当场击毙！
（銀行強盗の現行犯は
その場で銃殺！）

しかし、銀行といっても北京や上海など、大都市の銀行では見かけない。やはり地方都市なのだという。同じく銀行関係でも次はいくぶん穏やかだ。

抢劫银行　不如炒房　（銀行を襲うより、不動産投資を）

銀行強盗を思いとどまらせる効果がありそう。それほど不動産価格が上昇している頃の標語だろう。

交通標語もいろいろで、北京や上海でよく見かけたのは品が良いものだ。

高高兴兴上班来，平平安安回家去。

（ニコニコ出勤、安全守って帰宅）

为了您和他人的幸福，请自觉遵守交通法规。

（あなたと他の人の幸せのために、交通ルールを守りましょう）

しかし、もっと刺激が強く、どきっとするものでないと印象に残らないのか過激なものもある。

汽车开得快　阎王最喜爱
（スピード運転は閻魔様のお気に入り）

劝君驾车不要忙　免得娇妻守空房
（そんなに急ぐな車の運転、可愛い妻が寡婦になる）

你若酒驾　我就改嫁

（酒飲み運転するなら、私再婚するからね）

つたない日本語訳ではうまく表せないが、すべて韻を踏んであり、なかなかの作品である。最後に交通安全ではないが、車に貼るステッカーでこんなのを見つけた。これはこれで中国のブラックユーモアなのであろう。

喝三鹿奶粉　当残奥冠军

〝三鹿奶粉〟は有毒粉ミルク。以来、中国製粉ミルクはすっかり信用を失った。

街歩きの中国語

私は「相原塾」という名前の授業とも講演ともつかないことを月に一度のペースでやっている。毎回違ったテーマをとりあげるのだが、十月のそれは「街歩きの中国語」というものだった。

こういうテーマは初めてのことで、まあ簡単に言ってしまえば、街で見かけるような広告や看板をとりあげて、面白い中国語、どっきりするような中国語を紹介しようというものだ。

中国は言葉の国だから、ちょっとした宣伝文句などでも結構工夫がこらされている。それにものをズバズバ言う国柄だから、日本とは違った切り口でコピーを作る。宣伝コピーというよりは「殺し文句」といったほうがいい。ともかく、われわれとは発想が違う。

例えば次は露天の「ゴキブリ駆除薬」を売っている人の看板だ。

蟑螂不死我死

（ゴキブリが死ななかったら私死にます）

「私死にます」と潔いところがウソっぽい。路傍で桃を売っている人がいる。その手書きのコピーがこれだ。

三千年一开花，三千年一结果

（三千年に一度の開花で、三千年に一度の結実）

なんだか、この桃を食べたら長生きしそうだ。

厚手のボール紙に手書きしたような文句は、いずれもわれわれの想像を超える面白さがある。次は三枚に書いて、それぞれ天井から吊してある。

工厂倒闭了，全部10元　（工場倒産、なんでも一〇元）

老板跳楼了，全部10元　（社長が飛び降り自殺、なんでも一〇元）

老板娘跑了，全部10元　（社長夫人は夜逃げ、なんでも一〇元）

誰も本気にはしないのだが、愉快だ。

サイトには実にいろいろな写真がのっている。検索するときは画像検索で、〝爆笑照片〟などというキーワードを入れる。次はそうして出てきた、会社を休むという一枚の休暇届。その理由が笑わせる。

前男友后天结婚，明天梳妆打扮一天，后天砸场。
（元カレがあさって結婚する。私は明日一日顔を作って、あさって式をぶち壊しまーす）

これでちゃんと上司の許可が下りている。〝同意。需支援请告知！〟（了解。支援を要するときはお知らせください）というコメントまで付いている。だけどまあ、こういうのは会社の休暇届の用紙を一枚くすねて、冗談で作っているんだろうなあ。

私が感心したのは次の不動産会社の宣伝文句。自社の壁面に大きく出ている。

首付？对面买两个包包而已
（頭金？　お向かいでバッグ二つ買うほどですよ）

で、道を隔てたお向かいにはＧＵＣＣＩのビルが建っているという仕掛けだ。
中国の街はジョークにあふれている。

ジョークの中のサッカー

いろいろな面で躍進著しい中国だが、ことサッカーとなるとしゅんとして元気がない。

小球看国内的，大球看国外的。

という言葉があるが、これは「卓球のような小さな球を扱うスポーツは国内のを見るが、サッカーのような大きな球を扱うスポーツは外国のを見る」と言うぐらいの意味で、要するにサッカーの試合は外国のしか見ないと言うものだ。

さらにこんな写真をウェブで見つけた。中国語で書かれているのを見ると、

我们体操不行　(我々は体操はダメだ)
我们乒乓球不行　(我々は卓球もダメだ)
但是我们足球行！　(だが、我らのサッカーは素晴らしい)

とある。アフリカか中近東あたりの人が垂れ幕をかかげているのが見える。そこから来た応援団

だろう。体操も卓球も中国に負けるけど、サッカーだけは負けないぞということだ。

私が見かけたサッカーについてのジョークでは以下のようなものがある。

老婆：这哪队踢哪队？老公：法国踢尼日利亚。老婆：这是中超联赛么？老公：世界杯。老婆：中国队在哪？老公：跟你一样在看电视。老婆：为什么不上去踢？老公：国际足联不让。老婆：是因为钓鱼岛么？老公：因为水平不行。老婆：不是有姚明吗？老公：…滚……！

【訳】女房「これはどことどこの試合？」夫「フランスとナイジェリアだよ」女房「これは中国スーパーリーグかね？」夫「ワールドカップだよ」女房「中国チームはどこ？」夫「お前と同じで、いまテレビ見てるよ」女房「どうして出てこないのかね？」夫「ＦＩＦＡがダメだとよ」女房「尖閣列島のせいかね？」夫「レベルが低いんだとよ」女房「姚明がいるのに？」夫「もうあっちへ行きな」

〝中超联赛〟は〝中国足球协会超级联赛〟（英文名は：Chinese Football Association Super League）の略で中国のプロサッカーリーグ、日本のＪ１のようなものである。〝姚明〟は有名だがバスケットボールの選手だ。

サッカーに関するジョークでは次が最もよく知られているものだろう。いきなり日本語で示そう。

韓国人、日本人、中国人の三人が天帝に会うことができた。まず韓国人が聞いた。「いつサッカーワールドカップで優勝できますか」。天帝は答えた「五〇年後だな」。韓国人は「ううう、私は見られない」と嘆いた。次に日本人が同じ質問をした。天帝は答えた「一〇〇年後だな」。日本人は「ううう、私の息子も見られない」と嘆いた。最後に中国人が聞いた「いつわれわれはワールドカップで優勝できますか」すると、天帝が言った「ううう、わしも見られない」。

中国人を相手に、気分良くおしゃべりしたいならば、サッカーを話題にするに限る。

中国社会の恋人たち

ジョークの中では必ずといってよいほど「男と女」が登場する。言うまでもないことだが、中国の恋人たちは、中国の社会の中で生活し、仕事をし、恋をしている。これは「中国社会を生き抜いている恋人たち」のジョークである。

はじめはすさまじい車の渋滞にまつわるもの。

世界上最浪漫的事，就是过节到高速公路看堵车，眼看着高速公路变身龟速公路，在变身免费停车场。哦！对了，女孩们，快到高速公路去相亲吧!!从车型来看资产，从态度来看性格，从憋尿来看肾功能。

【訳】この世で一番ロマンチックなことといったら、国慶節のときに高速道路へ行って渋滞を見ること。高速道路は拘束道路になり、さらに無料駐車場になるさまを目の当たりにすることができる。あ、そうそう、女子はすぐに高速道路にいってお見合いすればいい。どんな車に乗っているかで資産状況が分かるし、渋滞に対する態度からその性格が分かる、さらにどれだけトイレを我慢できるかで腎機能も分かるよ。

次は最近深刻さを増している話。

上海一对情侣闹矛盾，约定背对背各走100步，然后回头时还能相互看见就不分手。结果，他们只走了两步就都回了头，却没有看见彼此，于是就分手了。有关专家提醒青少年情侣，不要在雾霾天尝试这样的游戏，以免发生不必要的误解。

【訳】上海で恋人同士が喧嘩をした。そこでこうすることにした。二人で背を向けてそれぞれ一〇〇歩あるく。それから振り返ったとき、もしお互い相手が見えれば別れないことにする。結果はどうなったか。二人は二歩あるいただけですぐ振り向いた。ところがどちらも相手の姿が見えなかった。二人は別れた。

これに対し専門家は忠告を与えている。PM2・5が発生する日にこのようなゲームをしないで欲しい。不要な誤解が起こる危険性がある、と。

最後はやはりここに落ち着くかという話。

【段子】有朋友问一女性朋友：为什么一个不抽烟、不喝酒、不赌博、不花心、孝顺父母、有上进心、成熟稳重、大方大度、长相身高尚可、谦虚幽默有爱心的男人直到29岁还没有女朋友？她只说了两个字：〃没钱！〃〃朋友沉默了！我也沉默了！

【訳】ある友人が女の子に聞いた。「なぜなんだ、タバコもやらない、酒も飲まない、賭け事もしなければ、浮気もしない、親には孝行だし、向上心もある、安定した大人で、ゆったりしている、見てくれだってわるくないし、背も高い、謙虚でユーモアもあり優しい男性がだよ、二九歳にもなるのに、まだ彼女がいないんだぜ」。彼女は答えた「お金がないんでしょ！」友人は黙ってしまい、私も何も言えなかった。

おとぼけ味

日本の落語には「熊さん、八さん、与太郎」などというキャラクターが出てくる。いずれも人の良い、ちょっと間が抜けた人たちだ。ほのぼのとした味があって私は好きだ。

中国の落語にあたる〝相声〟にはこういった特定の人物は出てこない。何と言っても〝相声〟はその時々の時事ネタを扱うことが多い。日本のようにお定まりのレパートリーを語るのとは違う。

とぼけた味のキャラというのは、人にどこか安心感を与える。

とぼけた味のクイズというものもある。まじめに問題を考え、脳みそを絞る、というのではなく、「なあんだ、やられた」と笑い飛ばすのが好きだ。

この間のこと、深刻そうな顔をしてこんなことを言われた。

「あなたにだけ話すのですが、私はかつて一年半ほど言葉を話せなかったのです。その間、わたしがどうしていたか、分かりますか」

そんな過去があるとは知らなかった。言語障害にでもかかったのだろうか、それにしても今は大丈夫そうだ。回復したのだろうか。答えに窮していると、にやにやしながら言われた。

「ええ、生まれてから一年半ぐらいですけどね、泣いてばかりいたそうです」

やられた。私にもこの手のクイズの手持ちがないわけではない。

「どのような強者の兵士をも倒してしまうものは何だろう。もちろん武器を使わず、命令を下すのでもなく、だ。」

答えはいろいろ考えられるだろうが、正解は「ベッド」だ。

ジョークにもとぼけた味のものがある。こんなのは日本の落語のまくらにでも使えそうだ。

骑摩托车，后边有人超车，我骂了一句，冲他吐了口痰，结果忘了自己戴着头盔。

「ある人、バイクを走らせていると、後ろから猛スピードで追い抜いていくのがあった。思わずバカ野郎と怒鳴りつけ、そいつに向かってつばを吐きかけた。ここまではよかったんだが、へルメットをしているのを忘れてた」。

このヘルメット、頭をすっぽり覆うフルフェイスだ。もう一つ。

妈妈批评儿子：〝我就不明白了，一天内你怎么能做这么多的蠢事？〟。儿子理直气壮地回答：〝我起床早啊！〟

お母さんが息子を叱っている。「まあ、お前という奴は、たった一日のうちに、よくもまああれやこれやこんなに沢山ばかなことをやれるもんだね、え？」子どもは元気いっぱいに答えた。「うん、今日は早起きしたから」

子どもが出てくるだけあって、こちらのほうが、ほのぼのするようだ。

英語の浸透ぶり

昔に比べると、それはもう比べものにならないぐらいに英語は中国の日常生活の中に入り込んでいる。かつては英語が主役のジョークなんぞにはお目にかかれなかった。まず紹介するのはたった一文字〝P〟の謎。

其实女生所谓的隐私，只不过是手机里那些没P过的自拍照而已！
（女性がいうプライバシーなんて、携帯のなかの加工してない自分の写真ぐらいよ）

これは携帯で自分撮りした写真をインターネット上にアップする際、必ずフォトショップなどのソフトで別人のように可愛く加工する女性の習慣を皮肉ったもの。PとはPhotoshopのこと。〝敢不敢爆出没P过的自拍照？〟（フォトショップで加工修正してない自分撮りの写真をサイトに曝す勇気ある？）という言葉もあるぐらいだから、まあPするのは常識なのでしょうね。

ところで流行のfacebookの中国語訳をご存じだろうか。音訳で〝非死不可〟という。漢字を見てみよう。「どうしても死ななければならない」という意味だ。そこで格調高き古文をおかしな英語に訳して愉しんでいる。

君要臣死，臣非死不可。（君、臣に死を要求すれば、臣、死せざるべからず）

If the king want you to die, you facebook.

英語が浸透しはじめたといっても、庶民にとってはまだまだ表面的なレベルにとどまっているのだろう。まあ、だからこそ楽しいジョークがうまれるのだが。

有个人刚学外语，这天在街上走，不小心踩了一个老外的脚，那人急忙说：〝I'm sorry.〟老外也礼貌地说了句：〝I'm sorry too.〟那人一听，急忙说了句：〝I'm sorry three.〟老外一听傻了，问：〝What are you sorry for?〟那人无奈地说：〝I'm sorry five.〟

（英語を学び始めたばかりの人、街を歩いていたら、不注意で外人の足を踏んでしまった、すぐに〝I'm sorry.〟と言ったら、その外人も礼儀正しく〝I'm sorry too.〟と返した。男はそれを聞くや、慌ててまた〝I'm sorry three.〟と言った。外人には何のことやら分からない、そこで〝What are you sorry for?〟と聞いた。男はもうどうしてよいか分からず言った〝I'm sorry five.〟）

なかなか傑作である。five まで引っ張るのは見事というしかない。最後は単語スペルを観察する皮肉な眼があるもの。

从正面看，是伟大的神 God；从反面看，是卑鄙小人 dog。其实，人们所犯的罪恶 evil，反过来，正是为了活着 live。就算是 believe 中间还是有个 lie，就算是 friend 最后还是免不了 end，就算是 lover 最后还是会 over，就算是 forget 也得先 get 才行，就算有 wife 心里也夹杂着 if。……

（まともに見れば偉大な神 God も反対から見れば卑しい小人の dog である。また人が犯す罪悪 evil も、ひっくり返せば、まさに活きるため live だ。信じるという believe の中にもウソ lie が含まれているではないか。友だち friend でも、終わり end が訪れるのは避けられない。たとえ恋人 lover でも最後には終局 over がくる。さらには忘れる forget ためにもまず獲得 get せねばならないし、妻 wife の心にもあるいは、ひょっとしての if がある。……）

これはまだまだいくらでも続きそうだ。もともとは英語からの翻訳ではないかと思われるが、こういうニヒルな味のジョークも受け入れられているということで紹介してみた。

ジョークでテストを作ろう

ジョークといえばたいていは最後にオチがあり、そこでどっと笑うのが普通だが、中国のジョークにはそうでないタイプのものがある。似たような作りのフレーズが並んでいて、その一つ一つが面白い。最初から最後まで美味しさが続くようなものだ。しかも内容はたいてい社会諷刺になっている。例えば次はタイトルを〝中国梦很简单〟(中国の夢、それを実現するのは簡単だ)という。さてどうすればよいというのか、ご覧下さい。

中国梦很简单：
上学不收费：就业不拼爹：
免费能医疗：食品不带毒：
房价不上涨：专家不忽悠：
退休不延迟：城管不打人：
新闻不说谎：房子不强拆：

百姓不畏权：访民不被关：
法律能公正：财产能公开：
官员不受贿：媒体能监督。

次も同じような構成で、題をつければ「失われゆくもの」。幼い頃から成人するまで、それぞれのステージで失われゆく大切なものを列挙する

上幼稚园，把天真弄丢了：
上小学，把童年弄丢了：
上初中，把快乐弄丢了：
上高中，把思想弄丢了：
上大学，把追求弄丢了：
毕业后，把专业弄丢了：
工作后，把锋芒弄丢了：
恋爱后，把理智弄丢了：
按揭后，把生活弄丢了：
结婚后，把激情弄丢了：
外遇后，把家庭弄丢了：

玩微博，把隐私弄丢了；
当官后，把灵魂弄丢了。

生きていく上で、社会の俗悪さに染まって行かざるを得ない現実を諷刺している。中国にはもともと〝顺口溜〟という文芸形式がある。「戯れ歌」と訳されるが、いま挙げたようなスタイルで社会諷刺を事とするものだ。これらはいわばジョークと戯れ歌の合体したようなもので「戯れジョーク」とでも名付けておきたい。

次も面白い。中国の文化は〝吃〟と関わりが深いとして、生活の中に浸透している〝吃〟の諸相を列挙する。タイトルにある《舌尖上的中国》とは大好評を博した中国各地の食文化を紹介したテレビ番組のシリーズ名。

舌尖上的中国【周末一笑】
奥巴马说：我终于明白了，中国文化其实就是吃的文化：岗位叫饭碗，谋生叫糊口；受雇叫混饭吃，混得好叫吃得开，受人欢迎叫吃香；受到照顾叫吃小灶，花积蓄叫吃老本；占女人便宜叫吃豆腐；靠长辈生活叫啃老；男人老是用女人的钱叫吃软饭；男女嫉妒叫吃醋；办事不力叫吃干饭。这就是大家一见面就问〝你吃了吗？〟的缘故。

なぜここに〝奥巴马〟（オバマ大統領）が出てくるのかはともかくとして、確かに〝吃〟に関わる中国文化が理解できる。しかもよく使う言葉ばかりで勉強にもなる。これを見ていると教師魂がうずいてきて、次の空欄に当てはまる〝吃〟に関わる言葉を入れよという問題を出したくなる。

受人欢迎叫（　）　男女嫉妒叫（　）

例えば次のものなどは、漢字一字を考える問題として最適ではないか。

物价一个字：涨：
信用一个字：跌：
会议一个字：困：
市场一个字：乱：
食品一个字：毒：
环境一个字：脏：
城建一个字：拆：
医疗一个字：贵：
上学一个字：难：
收入一个字：低：

交通一个字：堵：
房价一个字：高：
砖家一个字：混：
艺术一个字：裸：
人生一个字：累！

クイズブーム

この頃は講演などで「細切れ時間の活用法」という話をよくする。

大体ビジネスマンという言葉を耳にすると、私はわけもなくbusy（忙しい）という語を連想してしまう。A busy manだ。そんな人が今どき机に座って一時間も二時間も自分の時間がとれるわけでもあるまい。それなら細切れ時間を使って一分間中国語学習でもよいではないかということで、昔はよくジョークや唐詩などを素材としてすすめたものだ。最近の中国はクイズブームではないか。《脳筋急转弯》とか《思维风暴》といった名前のクイズやパズル本が本屋に並んでいる。

中国にはこれまで文字謎とか物謎はごまんとあったが、欧米風のマッチ棒クイズとか図形を使ったパズルなどはほとんどなかった。それが今は一大ブームである。

子どもには賢くなってほしいという親の願いがある。ビジネスマンはまた新しい発想や論理力が求められているのだろう。需要があるところ、ともかく大変な数の本が出版されている。

私もきらいなほうではないので、トイレなどに一、二冊置いておき、その都度めくったりしている。まさに「細切れ時間の活用」である。

解けるのもあれば解けないのもある。こらえ性がないので、数秒考えて分からないのはすぐ答えを見てしまう。

「そこにはあなたを喜ばせる人や動物がいるわけではないのだが、人々がニコニコと笑顔になるところは?」

などという問題がある。もちろん中国語で出ているわけだが、どうもピンとこない。答えを見てみると「写真館」とある。うーん、「なるほど！　ガッテン」とはゆかないなあ。

「ある病院の医師は、患者を診察するときに、患者本人に病状を尋ねることはせず、つきそいの人に尋ねるという。これはどういうことだろう?」

患者が認知症かなんかなのかなあ、と思って答えを見ると「小児科病院」とある。まあ、これなどは納得できるか。

「チョコレートとトマトが喧嘩をした。どちらが勝ったか?」

これは分からない。見当もつかない。こういう問題の答えはたいてい語呂合わせや駄洒落狙いのものが多い。外国人には最も難しい部類だ。答えを覗いてみると〝巧克力棒〟とある。これは「チョコポッキー」のことだ。〝棒〟が文字通り「棒」という意味と「優れている」の意味を持つことを利用しているわけだ。

クイズとの付き合いは、私の場合は「細切れ時間」の活用というよりは、暇つぶしのようなものだが、それでもちょっとした頭の体操ぐらいにはなるし、今の世の中の動きなども少しは分かってなんだか得をした気分になる。しばらくは退屈せずに過ごせそうだ。

脳トレクイズをどうぞ

最近、暇にまかせて中国の「脳トレクイズ」を楽しんでいる。中国語では《脑筋急转弯》という。

いろいろなタイプのクイズがあるが、中国語が分からないと解けないものがある。例えば、

不抓老鼠的猫是什么猫？（鼠をつかまえない猫は？）答案：熊猫（パンダ）

などというのがそうで、〝熊猫〟という単語を知らないとできない。また

什么人可以免费住医院？（ただで入院できる人は？）答え：值班医生。（当直のお医者さん）

では〝住医院〟に二義性がある。ひとつは「入院する」だが、もう一つは文字通り「病院に泊まる」だ。

だが、中国語が分からなくても、つまり日本語で考えても英語頭で考えても答えがでるもの、つまりユニバーサルタイプのクイズもある。こういうものは何も中国語で書かなくてもよい。日

本語でも十分面白い。

1. 蚊に刺されても痛くも痒くもないところはどこだろう。［答え］他人の体。
2. ウンチを踏んでしまうよりひどいことってあるだろうか。［答え］地雷を踏んだらもっとひどいことになる。
3. 不妊症は遺伝するだろうか。［答え］不妊症なら子孫はいない。
4. 誰を撮ったのか分からない写真は何だろう？［答え］レントゲン写真
5. 明確な着陸地がなく飛んでいる飛行機は？［答え］紙飛行機
6. 買った人はよく分かっていて、売った人もよく理解しているが、それを使った人はまったく知らないモノは何？［答え］？

私は結構おもしろいと思うが、どうだろう？　これまでこういう脳トレクイズを中国語で紹介してきたが、日本語でもいけるのではないか。

とくにいわゆる「頭の体操」のような、ロジカルに頭をひねるのではなく、ただ答えを聞いて「やられた～」とニガ笑いするような、脱力系であるのがいい。

ストレス解消にもいいような気がする。

最後のクイズの答え、分かりましたか。棺桶です。

街はダジャレであふれている

中国人はああ見えて結構ダジャレ好きである。街の看板からもそれが見て取れる。まず驚かされたのはこれ。

后悔有妻副食批发部

「副食卸売り」という、まともな名前の前についている〝后悔有妻〟とは何だろう。「妻帯したことを後悔している」という意味だが、ちょっと信じられないネーミングだ。

〝后悔有妻〟の背後にあるのは言うまでもなく〝后会有期〟という四字成語だ。これは人との別れに際して「またきっと会う機会があるでしょう」という挨拶だ。さらにこの成語は〝后会有妻〟と音通で、よく男同士が「次に会うときは結婚して女房がいること」という意味で冗談めかして使う。それをこのお店はさらに一歩進めて〝后悔有妻〟とした

ものだろう。

なぜ「妻帯したことを後悔している」のだろう。思うにお嫁さんが料理下手で不味いものを食わされているのでしょう。それでしたらうちのお店のお総菜を召し上がってください。そういうことではないか？

これに比べれば次はずいぶんとシンプルだ。

言うまでもなく〝伊拉克〟（イラク）のもじりである。

〝衣拉客〟は、「衣が客を引きよせる」と解釈できるから、もちろん洋服屋さんだろう。

おなじく衣料品店で〝衣见钟情〟というのも見かけた。バックにあるのは〝一见钟情〟（一目惚れ）だ。

〝饭醉现场〟なんていう看板も見たが、こちらは〝饭〟と〝醉〟だから「飲み食いする」レストランであろう。だが背後にあるのは〝犯罪现场〟であまり感心しない。

日本と関わりがあるものでは次のようなものがあった。お分かりだろうか。

小犬纯衣廊　（子犬の洋服サロン→ペットの衣料品）

辣比小辛　（辛さは小辛ぐらい→四川鍋のお店）

〝小犬纯衣廊〟は発音が Xiǎoquǎn Chúnyīláng で「小泉純一郎」と同じである。首相の名前が犬の衣料品店にされては名誉毀損もはなはだしいが、まあ日本はそんなことをうるさくは言わない。〝辣比小辛〟のほうは〝蜡笔小新〟Làbǐ Xiǎoxīn をもじったものでご存じ「クレヨンしんちゃん」である。

私の夢想だが、一つの街にこのような「ダジャレ看板」があふれている通りを作ったらどうだろう。見物客であふれ返るのではあるまいか。中国語学習者を引き連れて、是非行ってみたい。

諧音大好き

中国人同士はどんな年賀状をやりとりしているのだろう。われわれが年賀状のビジュアルデザインに凝っているときに、中国人は文字に凝る。といって、われわれもいろいろなサンプルを見て、自分のお気に入りを選んだりするように、彼らも「めでたい言葉」「新年賀詞」といった言葉集を見て、面白いのを探す。

ただ、めでたいだけではつまらない。そこに諧謔味や笑いの要素が入らないと物足りない。そう中国人は考える。

例えば次はどうだろう。これは十二支の動物を頭に配した「お祝いの四字熟語」だ。頭の字に注目、〝鼠（ね）、牛（うし）、虎（とら）、兎（う）……〟の順になっている。

鼠钱不完！
牛那样壮！
虎虎生威！

兎気扬眉！
龙馬精神！
蛇得消费！
马到成功！
羊洋得意！
猴会有期！
鸡不可失！
狗用就好！
猪你发财！

はじめの〝鼠钱不完！〟は何だろう。「鼠のお金」では意味が通じない。十二支の動物を配しているが、音に注意すれば、これは〝数钱不完！〟（数え切れないほどのお金がある）ことと分かるだろう。〝鼠〟と〝数〟は音通である。早い話が語呂合わせだ。

このようにして以下の例も見てゆこう。中には語呂合わせが行われていないものもあることが分かる。

鼠钱不完！　数钱不完
牛那梓壯！　牛那梓壯

虎虎生威！　虎虎生威
兔气扬眉！　吐气扬眉
龙馬精神！　龙马精神
蛇得消费！　舍得消费
马到成功！　马到成功
羊洋得意！　洋洋得意
猴会有期！　后会有期
鸡不可失！　机不可失
狗用就好！　够用就好
猪你发财！　祝你发财

こういった遊びの背景には、中国では幼稚園などで〝十二生肖成语游戏〟なるものが日常的に行われているという事実がある。遊びのルールは十二支の動物が入っている成語を次々と言い合うもので、必ずしも十二支の順でなくてもいいし、また音が同じで字は違っていても良い（不按生肖顺序、只要音同字不同也行）。したがって次のような成語が子どもたちの口の端に上るわけだが、この場合は新年というわけではないので、縁起の良いものに限る必要はなく、成語であれば良い。

鼠目寸光、对牛弹琴、狐假虎威、兔死狐悲、龙腾虎跃、打草惊蛇、马到成功、亡羊补牢、杀鸡儆猴、闻鸡起舞、狗急跳墙、猪头猪脑。

四字成語といい、十二支といい、つとに幼児期から親しんでいることが分かる。

〝绕口令〟ràokǒulìng（早口言葉）

中国語を学び始めた頃、誰もが口ずさんだものに早口言葉がある。声調というものに初めて接したときには、こんなフレーズを口にしたのではないか。

妈妈骂马。Māma mà mǎ.（お母さんが馬を叱る）

これも実はれっきとした早口言葉の一部だ。

妈妈骑马，Māma qí mǎ,
马慢，mǎ màn,
妈妈骂马。māma mà mǎ.

【訳】お母さんが馬に乗る、
　馬がのろいので、
　お母さんは馬を叱った。

声調の次に発音の難関といえば舌を巻く音の「そり舌音」。ここでは「四」と「十」や「是」が出てくる

Sì shì sì, shí shì shí；
四是四，十是十；
shí sì shì shí sì, sì shí shì sì shí.
十四是十四，四十是四十。

【訳】「四」は「四」、「十」は「十」：
「十四」は「十四」、「四十」は「四十」。

これもこれだけだとほんのさわりの部分だけ。実はまだまだ続く。まあしかし、とりあえずはshi（十，是）とsi（四）という、舌を立てるか立てないかの区別ができればよしとする。

もう一つ、子音を学ぶときの注意点といえば「有気」と「無気」の区別だ。そこで登場する早口言葉がちょっとシュールなこれだ。

吃葡萄不吐葡萄皮，不吃葡萄倒吐葡萄皮。

Chī pútao bù tǔ pútao pí, bù chī pútao dào tǔ pútao pí.

【訳】葡萄を食べて葡萄の皮をはき出さず、

葡萄を食べないのに葡萄の皮をはき出す。

まじめな語学の授業なのに、こんな理に合わぬ話が出てくる。理不尽ついでに私はクイズを出す。「さて、葡萄を食べても皮を吐き出さないのはどんな時でしょう?」。これはまともなクイズである。答えは「干し葡萄、レーズンを食べた時」。笑いが取れるときもあるが、しらけてしまうときもあるのでクイズをご使用になられる方はご注意を。

そして発音の最後に控えているのが、-n と -ng の付く音節だ。ここでも早口言葉が用意されている。

真冷，真冷，真正冷，猛的一阵风更冷。

Zhēn lěng, zhēn lěng, zhēnzhèng lěng, měng de yí zhèn fēng gèng lěng.

【訳】寒い、寒い、ホントに寒い、どっと一陣の風、さらに寒い。

〝真正〟zhēnzhèng のように -n と -ng の語がこれでもかと並んでいる。

最後に私がお気に入りの早口言葉を紹介しよう。短いものだが、

Mén shàng diào dāo, dāo dào dāo diàozhe.

门上吊刀，刀倒吊着。

【訳】ドアに刀が吊ってある、刀は逆さに吊ってある。

これにはイラストが欲しい。私も読んでみたが〝diào dāo〟につられ、その後の〝dāo dào〟のところをつい〝dāo diào〟と読んでしまった。皆さんも声に出してお試しあれ。

請喝茶
Mào

第二章　日中いぶこみの中で

「いぶこみ」とは何か？　「異文化コミュニケーション」の略で、筆者の造語である。日本と中国のあいだにある「いぶこみの風景」を眺めよう。

春節晩会と喪中ハガキ

毎年、私は「春節晩会」というパーティーを開いている。もう一五、六回ぐらい開いている。本当は正確には何回目かあやしいのだが、二〇一〇年あたりからよく分からなくなってきて、以後分かりやすいようにと、二〇一〇年の最後の二桁をとって第一〇回目としてしまった。そんなわけで例えば二〇一五年は恒例第一五回というわけだ。

知り合いの人がやあやあと一堂に会して、飲み食いかつ語り合うという趣旨で始めたのだが、そのうちにビンゴをやったり、歌や踊り、朗読などの出し物もやるようになった。

案内状を出すのは知り合いの人だが、知り合いと言ってもぼやぼやしていると、一年間まったく会う機会がないなんてことが珍しくない。年に一度ぐらいは会おうやというわけで、時期が来ると案内状を出す。

時期が来る、といっても中国の春節は毎年変わる。移動するのだ。例えば二〇一四年は一月三一日だったが、翌二〇一五年は二月一九日というぐあいである。日本の正月から一カ月遅れだったり二カ月近く遅れたりする。

ところで、日本には「喪中ハガキ」の習慣がある。親族に不幸があったとき、「新年の挨拶をひかえる」習慣だ。喪中ハガキは、だから人が年賀状を書き始める前に投函するのが礼儀になっている。喪中ハガキを受け取ると、その人への賀状は出さない。実際はうっかり出してしまうことがよくあるのだが。

それでは春節晩会の案内ならしてよいか。普通の日本人の考えからすると、春節の挨拶は〝春节愉快！〟とか〝春节快乐！〟というし、これはめでたいお祝い事には違いないから喪中の人に招待状や案内を出すのは控えるべきだと思う。

そんなわけで、私は喪中ハガキの届いた中国人のCさんには今年は案内を控えた。ところが、会が終ってしばらくすると、私の耳に「Cさんが、相原先生の春節晩会の案内が今年は来なかった」と言っているという話が漏れ伝わってきた。どうも不満らしい。しかしCさんは確かお父さんが亡くなったはずだ。それでも中国では気にせずに春節を祝うのだろうか。

そんな気分も含めてCさんにメールを打った。するとすぐに返事があり、中国では日本のような習慣はないとのことだった。春節は春節でいつもどおりにお祝いすると言う。

お互い「そうだったのか」と納得がいったが、こんなちょっとしたズレから、誤解が生まれることもあるわけだ。

「まもなく入院します」

中国語のテキストに「わたしはまもなく入院します」という意味の例文が出ていた。たぶん〝就要〜了〟の用法を教えるためのものだろう。

我马上就要住院了。Wǒ mǎshàng jiù yào zhùyuàn le.

これを見た中国人の教師は、〝我〟を〝他〟に変えた。なぜだろう。

彼女がいうには、たとえ例文にすぎないとはいえ〝我马上就要住院了。〟と口にするのは気分がよくない。縁起でもないし、実生活でもこんなことは言わない。だから主語を〝他〟に変えた。

退院なら良いけど、入院はいやだ。それは確かにそうだが、それでは会社などで「来週から私は入院しますので、一週間の休みをいただきます」などというときはどう言うのかと聞いてみた。そうしたら、「それでもはっきりとは言わない、適当に言葉をにごす。あるいは休暇をとる手続きを人にやってもらう」と言う。そこまでこだわるか！

日本よりも中国は「言霊」の力に敏感ということは確かにある。

例えば、私たちは子どもが外で遊んでいるときなど、「急に道路に飛び出すと車に轢かれるよ」とか、「駆けちゃダメ、転ぶよ」などと言う。こういう物言いも、彼女はとても気になるという。つまり「急に道路に飛び出してはダメ」とか「駆けちゃダメ」まではいいが、そのあとの「車に轢かれる」とか「転ぶよ」「怪我をするよ」などと言うのは不吉で縁起でもない、そんなことを耳にするだけで気分がよくない、というのだ。

親が自分の子どもに向けてこう言うのさえためらわれる。だから赤の他人がそんなことを言おうものなら、なんだか「呪いの言葉」を浴びせられたようで、実に不愉快になるという。心の中で、「お前こそ車に轢かれてしまえ」と罵りたくなるという。

「呪いの言葉」だと捉える感受性には驚かされる。

中国語には〝乌鸦嘴〟wūyāzuǐ という言葉がある。文字通り訳せば「カラスの口」だ。カラスは中国でも不吉な鳥とされる。そこから、縁起でもないことをいう人、不吉なことをいう人のことを〝乌鸦嘴〟という。例えば遠出するドライバーに「交通事故を起こさないでね、怪我したら大変よ」などと言おうものなら、你这个乌鸦嘴！Nǐ zhèige wūyāzuǐ！（ったく、縁起でもないことを！）

という反応が起こる。私も、

呸，呸，呸，乌鸦嘴！Pēi , pēi , pēi , wūyāzuǐ！（ぺっ、ぺっ、ぺっ、ああ縁起でもない！）

と中国人が言うのを何度か聞いたことがある。〝呸〟は「唾棄すべきものとして、つばを吐きかける」ような動作である。言葉として発せられてしまった「不吉な、縁起でもないこと」、それをすぐに打ち消すべく発せられる言葉である。

この間は中国のテレビドラマを見ていたら、そんな場面に遭遇した。確か、娘が夫婦仲が良くないのを案じて母親が「あの子たち離婚するんじゃないかしら」と言ったのを父親がとがめて〝呸，呸，呸，乌鸦嘴！〟と激怒した。そのときは自分がこう言うだけでなく、不吉なことを口にした母親にまで〝呸！呸！〟と言えと迫っていた。

「厭なこと、縁起でもないことが起こってしまった」場合も、打ち消し隊が登場する。例えば、財布をなくしたり、盗まれたりといったことが起こると、〝破财免灾〟と言って人をなぐさめたり、自分に言い聞かせたりする。これは「〝破财〟（財を失う）ことによって、かえってこれから起こるかもしれなかった災難を免れた〝免灾〟」という意味である。

あるいは何か〝碎〟suì、割ったりすると、すぐに〝岁岁平安〟suìsuì píng'ān という。〝碎〟を〝岁〟に言い換えて、これでかえって「毎年穏やかに平穏に暮らせる」ということだ。私も昔、中国人の先生宅に招かれ、茶碗を割ってしまったことがあった。そのとき、先生はすかさず〝旧的不去，新的不来〟jiù de bú qù，xīn de bù lái と言い、「これで新しい茶碗を下ろして使える」とむしろ良いことのようにフォローしてくれた。

不吉なことや縁起でもないことは、どこの国でも歓迎されない。起こってしまった厭なことを、言葉の力を借りて「なしにする」、あるいはさらに積極的に「かえってよかった」と逆転させる。それほど「縁起の悪いこと」を嫌い、それほど「言葉の力」を信じているところがある。

もう一つ、中国人が嫌うことがある。それは「家の恥を外部の人にあげつらわれることだ」。これは国家の恥についても同じだ。例えば最近のＰＭ２・５でも交通渋滞でも、なんでもよいが、中国人同士であれこれ文句を言うのは良いのだが、そこに外国の人が口を挟もうものならとたんに機嫌がわるくなる。「あんたにそう言われたくない！」という感情が強い。だから中国人同士では結構自分の国の悪口を言い合っているのだが、それではと日本人が中国非難をはじめると、とたんに虫の居所がわるくなるのである。中国には〝家丑不可外扬〟jiā chǒu bù kě wài yáng（家の恥は外へ漏らさない）という諺まである。

どこの国でも悪いことが起こるのを嫌う。中国ではどの範囲のことが「言挙げされることを嫌う」のか。また身内のものに言われた場合は気にならないのか。親子や夫妻ならよいが、義理の母や父などでは厭なのか。一口に中国ではといっても、地域や人によって違うのか。読者の皆さんの感想をきいてみたい。例えば以下のような言葉は日本人なら言ってしまいそうだ。


「体に気をつけてね。風邪をひかないように」

「そんなにタバコを吸ってばかりいると、癌になるよ」

「登山に行くの、気をつけてね、雪崩とかに遭わないように」


確かに〝我马上就要住院了。〟なんて普段の生活ではあまり言わないだろう。日本語でも「もうすぐ」とくれば、お正月だったりクリスマスだったりする。中国語だって、

马上就要开学了。Mǎshàng jiù yào kāixué le .
我们马上就要见面了。Wǒmen mǎshàng jiù yào jiànmiàn le .

というのが自然だ。

ところで、大人が口をすべらせたときは〝乌鸦嘴〟というが、子どもが忌み言葉を口にしたときは〝童言无忌〟tóngyán wú jì と言う。

日中関係と四字成語

ある事態がある。それを言葉で表現しようとする。そのとき、うまくその事態を表す「四字成語」が見つかると、中国人はホッとする。気持ちが良くなり、一件落着の感を味わう。そういう心理傾向があるから、ときには事態とそれを表す四字成語とのミスマッチもある。ちょっとズレたり、ついつい言い過ぎだったりもする。

いつだったか、日本の艦隊に中国側がレーザー光を当てたという事件があった。その非難を受けて中国側は、「そのような事実はない」と言えばよいのだが、これだけではただの言い訳にしかならない。反論し、かつそれが攻撃になるために、中国側はさらに一歩踏み込んで日本の言い分は〝无中生有〟だと表現した。これだと「無から有を生じさせた」すなわち「日本側の捏造である」とした。ついついここまで言ってしまう。外交は言葉による戦争と言われるからしかたがない面もあるが、四字成語を使ったことによる「言い過ぎ」だろう。

最近のニュースでは中国とベトナムが南シナ海の領有権で争い、双方の船が衝突した。日本はいち早く、この事態に対し、中国が石油の掘削を勝手に始めたことに原因があるとし、中国を非難した。

これに対し、中国のスポークスマンは日本を〝趁火打劫〟chèn huǒ dǎ jiē であると言い返した。またもや四字成語である。

日本の新聞はこれを「火事場泥棒」と訳した。それで間違いではない。人の家から火事がでたとき、その混乱に乗じて利益をかすめ取るのである。

しかしこの四字成語〝趁火打劫〟は兵法三十六計の第五番目にある、れっきとした戦略である。敵が危機に陥っていると見るや、すかさず攻撃をしかけ勝利をうる戦法である。したがって日本語の「火事場泥棒」という語から連想されるほどのえげつなさはない。また、中国自身、自分たちがいま危機にあると認めてもいるわけだ。

兵法や策略は、戦いや交渉の場では駆使することに躊躇はいらない。この四字成語使用にはこういう側面もある。

「頭のおかしな日本人女性に怒鳴られた！」

こうネットに訴えた華人主婦、「あなたが悪い！」と在日華人の非難殺到で謝罪に追い込まれる――華字紙（レコードチャイナによる）

二〇一四年二月一日、日本華字紙・中文導報（電子版）は、日本で暮らす華人主婦が、「スーパーで頭のおかしな日本人女性に怒鳴られた」という内容の記事を華人向けネット掲示板に投稿し、在日華人からの批判を浴びていると伝えた。

この華人主婦は、病気の幼児を抱えてスーパーマーケットに行った。体調のせいか、子どもがぐずり出したので、しかたなく袋詰めカウンターに座らせたところ、そばにいた日本人の中年女性にきつく注意された。華人主婦は頭に来て、この日本人女性に言い返したため、その場で口げんかに発展したという。

帰宅後、腹立ちの収まらない華人主婦は、次の日に華人向けサイトの掲示板に「昨日、頭のおかしな女性に会った」と題したスレッドを投稿。日本人女性を非難する内容の記事を掲載した。だが、在日華人からはこの主婦を非難するコメントが殺到し、炎上状態に。その結果、華人主婦は自分の過ちに気づき、このように謝罪した。

「みなさんが『袋詰めカウンターは、日本人にとって食卓と同じ』とご指摘下さったこと、私はまったく知りませんでした。以後、注意します。みなさんからの善意のご指摘、ご指導、ご批判に心から感謝します。コメントがこれほど殺到するとは思ってもみませんでした。袋詰めカウンターが地面ではないということは分かっていましたが、食卓と同じほど清潔にしているとは考えが及びませんでした。私の常識不足です。私の今回の投稿が他の在日華人への警鐘になるのであれば、この炎上が無駄ではなかったと思うことができるでしょう」（翻訳・編集／本郷）

【感想】よく理解できる。中国人は、こういうことを人に注意されると、瞬間的にカッとなり、言い返す。これはもう本能というしかない。日本人は、もちろん子どもをカウンターに座らせるようなことをしないが、仮にしても、注意されたら「あっ、すみません」と言って子どもを下ろし、それでおしまいである。

中国人は「ふん、よけいなお世話」という感情をもつ。さらに、「ウチの子どもが何かあなたに悪いことをしたというのか」、「それにこの台はお前のものじゃあるまいし」、「子どもを座らせてはいけないと誰が決めた」、「そんな規則があるなら見せてみろ」などと、どこからか理屈を探しだして反論することがうまい。

中国国内でも似たようなものである。まあ、これが一種の互いのストレス発散みたいなところもあるから、中国では街中でしょっちゅうこういう口げんかが見られる。大声でワアワアやるが、手を出したりはしない。あくまで論理を戦わせる。

中国人は外で人にぶつかったぐらいでも、口げんかを始めることがめずらしくない。「何処を見て歩いているんだ」とでも言いたげな目つきでじろりと人を見る。私も中国でそういう経験がある。

その中国人が日本にくると、自分がよそ見をしていて人にぶつかったのに、相手が「すみません」と謝ってくれることに驚く。日本ではこれくらいのことでは喧嘩はしない。エクスキューズの一言で済むことはそれでおしまいにしてしまうのである。

しかし、日本人が「口げんか」であれ、なんであり、キレたら怖い。何をするか分からないところがある。カッとなって刃物沙汰なんてこともあり得る。だから、ささいなことで火種を小出しにする中国人がいいのか、さらりと流して、その実、火種が少しずつ蓄積してゆく日本人がいいのか、さて、それは何とも言えない。要するに、そういうタイプだということ、タイプが違うのだということは知っておくべきだろう。

会社などでも中国人は、文句があると上司にすぐに言う。自分の意見を言ってどこが悪いというところがある。ところが日本人はどうだ。めったに文句など言わない。しかし、それがウチに籠もり、溜まる。するとどうなる。ある日突然、辞表を懐に直談判ということになる。

この中国人は同胞に意見され、たしなめられた故、冷静になって謝った、という側面もある。もし、日本人など、外国人なんかに言われたのなら、また反応が違っている可能性もつよい。身内にはともかく「よそ者には言われたくない」という気持ちも強いのだ。

これに関連してもう一つ述べておきたいことがある。

中国人は喧嘩をすることが好きなだけではなく、見るのも大好きだ。街中などで喧嘩が起きるとあっという間に、観衆が集まって輪になって取り囲む。ヘタな芝居を見るよりも面白いという顔で、陪審員よろしく、じっくり耳を傾け、見物をきめこむ。そうすると、渦中の二人は互いに喧嘩をやめて、見ている観衆に向かって自分の正当性をアピールし始める。「聞いてくださいよ、みなさん」と呼びかけ、自分に有利なように喧嘩の原因を説明する。相手がいかに理不尽であるかをこれでもかと声高に訴える。最後に「というわけで明らかに私に非はないでしょう」と締めくくる。このような自己アピールのうまさは中国人特有のものである。

最後に真剣に聞いている観衆は喧嘩の仲裁に入る。たいてい「喧嘩両成敗」または優しく片方に自分の非を認めさせて、当事者は仲直りして、〝不打不成交〟〝不打不相识〟「けんかをしなければ友だちになれない」「喧嘩は仲良しの始まり：雨降って地固まる」という結果に終わらせる場合が多い。

普段の生活でも「喧嘩してはじめて親友になる」という考えがあるぐらいだから、こういう口げんかの顚末のつけ方は細胞の奥までしみこんでいるといってよい。このパターンはもちろん外交の場面でも見られる。

中国人観光客が日本のお寺で感激

「他人にこんなに信用されるのは、どれくらいぶりだろう」――中国ネット

Record China 三月四日（火）七時二〇分配信

二〇一四年三月三日、昨年夏に夫婦で京都を旅行した中国人観光客が、京都の醍醐寺での体験談をブログにつづった。以下はその概要。

醍醐寺ではとても親切な日本人に出会った。売店の販売員をしていた中年の女性だ。私たちは当時、大きめのスーツケースを持っていたのだが、駅でコインロッカーが見つからず、そのまま醍醐寺に来ていた。

女性に、「近くにコインロッカーはありませんか」と尋ねると、彼女は「ない」と答えた。しかし、彼女は荷物を預かってくれると言った。しかも、預かり証まで渡してくれたのだ。私たちはとても感激した。

見ず知らずの人にこんなにも信用されるのは、どれくらいぶりだろう。彼女は中に何が入っているのかも聞かなかった。もし、私たちが詐欺師で、荷物が盗られたと難癖をつけたらどうするつもりだったのだろうか。

私は思わず、中国の路上で倒れた老人を助ける際にも、よく考えてから行動を起こさなければならないことを思い出した（助け起こすと犯人扱いされ、治療費などを請求されることがある）。このような見ず知らずの人に援助の手を差し伸べてくれる優しさと純朴さに、私は感動した。

＊　＊　＊　＊　＊　＊　＊　＊　＊　＊　＊

この記事を読んで、「礼物」という昔書いた自分の文章を思い出した。以下である。

礼物

北京に一週間ほど滞在したとき、中国人の知り合いからプレゼントをいただいた。
それが高価そうな茶器である。大きな箱に埋め込み式でセットされている。

私は知っている。中国ではこういうドーンとした、大きなものが贈る人の気持ちをあらわすとされる。だが、どうやって持って帰ろう。大きな袋に入れて手提げにして持たねばならない。荷物が一つ増える。

昔のことだが、やはり知り合いの学者から大きな絵皿を頂戴したことがある。そのときも、どうやって持って帰ろうかと、しばし啞然とした。今回もうれしさ半分、困惑半分である。

帰国の日に、早めにチェックアウトを済ませ、荷物はそのままホテルに預けて、まだ観ていない故宮の見学にでかけようとした。

スーツケースやバックのほかに、例のいただいた茶器セットの入った紙袋もある。ホテルの服務員に「壊れ物はないか」と聞かれたので、「ある」と答える。

そうしたら一筆書けという。何と書くのか。

如有损坏与贵宾馆无关。Rú yǒu sǔnhuài yǔ guì bīnguǎn wúguān.
（壊れても貴ホテルとは関係ありません）

なるほど、これなら壊れてもホテル側は責任をとらなくていい。

一筆書かないと、まず中のものが本当に壊れていないかいちいち検査することになるのだろう。あるいはかつて預かり物が壊れていて弁償させられたという苦い経験があったのかもしれない。

以前、コラムで紹介したことがある一番シンプルな詐欺を思い出した。

「ぶつかり」屋というのだが、こんな手口だ。

鞄をかかえて早足の男Aが、わざと老人にぶつかり、鞄を落とす。鞄の中にはあらかじめ壊れた携帯・ノートパソコン・カメラなどを入れておく。そこへ偶然仲間のBが通りかかったように装い、二人で弁償金、修理代をゆする。

シンプルだが、それだけに逃れるのが難しい。こういうのを応用すればホテルでの壊れ物詐欺になるわけである。

詐欺の話はこれぐらいにして、プレゼントの話に戻る。日本ではこういう場合、「お荷物になってすみませんが」といって手渡す。そういう気遣いがあるぐらいだから、旅行者に壊れやすい壺とか皿を贈ることはまずない。そういう場合は別に届ける手配をしてあげるのが通常だ。中国はともかく「送り手の誠意を前面に出す」のが最優先で、どうやって運ぶかまでは考えてくれない。
そういえば中国人はすごい量の荷物をもって移動する。彼らはああいうのはあまり苦にしないのかもしれない。

――『ふりむけば中国語』（現代書館、二〇一一年）による。

これも異文化

きのうは近所のクリーニング屋さんに洗濯物をとりにいった。

二着、染み抜きを頼んでおいたのだが、店員さんが言うことには「染み抜き、二着のうち一つは試みましたが、うまくとれませんでした」。そうですか、と見ると、そんなことはない、ほとんど消えている。「よくとれているじゃないですか」そう言うと、「でも職人さんは、これでは不満のようで、申し訳ないからとお金はいただきません」。さすが日本の職人魂だ。感心した。

中国人に話すと、日本に来たばかりの中国人は「おかしいんじゃないの？ 自分の労働に対して報酬を要求しないなんて」と言う。もう一人、日本が長い中国人は「さすが、日本の職人だね」と分かってくれた。


今日はよい天気なので足をのばして近所の六義園に散歩に出た。

入場料大人三〇〇円とある、その下に六五歳以上は一五〇円とあるではないか。あいにく何も証明すべきものは持ち合わせていない。それでも言うだけはと思って、「もう六六ですが」と言ってみた。すると窓口のおばさんが「何年生まれか」と訊く。「一九四八年です」というと、「ああ昭和二三年ですね」と言って、一五〇円のチケットを切ってくれた。これは中国語で〝听信〟tīngxìn という。人の言うことを証拠なしに、そのまま信じるという意味だ。こういうことも中国ではなかなかない。

　ついつい中国と比較してしまう。

病院に行く話

中国人だって、怪我をすることがある。例えば料理をつくっているとき、うっかり包丁で指を切る。傷が浅ければ自分で処理するが、傷が深ければ病院に行く。

あるとき、私の知人が本当に台所で指を怪我した。ちょっと傷が深いので病院に行った。近所の外科でてきぱき手当てをしてくれた。中国ならこんな怪我でも並んで順番待ちをして、一日仕事になりかねない。日本で怪我して良かった、などと笑っていた。

日本の病院では、薬の処方箋を出す。化膿止めの薬とか、痛み止め、それから抗生物質など、こんな怪我でも三、四種類の薬が出ることが少なくない。さらにお医者さんは「三、四日したら包帯を変えますので、念のため診察においでください」と言う。

しかし、中国人は二度と病院に行かない人が多い。もちろん、化膿したり、傷が悪化していたら病院を訪ねるが、快方に向かっていて問題なさそうならまず二度と行かない。彼もまた診察においでくださいという言葉を無視した。

もう一つ、薬もあまり飲まないという。最初の一日ぐらいは、むろん飲むが、そのあとは自分で判断して、化膿止めが必要ないと思えばその薬は服用しない。

要するに「自分の病状を自分で判断する」のだ。医師の言うことでも、金儲けのためにしているのではないかと疑う気持ちがある。

自分の身は自分で守る。人の言うことはそのまま鵜呑みにしない。そういう生き方の基本は、こんなところにも現れる。

中国人はなぜ大荷物で国に帰るのか

日本にいる中国人が中国に帰る。

たいてい大荷物になる。友だちや親戚や知り合いからあれこれ頼まれるのだそうだ。腰痛の薬を買ってきてくれとか、化粧品を頼むとか。昔は粉ミルクなんてリクエストもあった。最近はアップルの携帯なんてのもあるそうだ。

だから、帰国するとなるとン十万とお金がかかる。いっそ帰らないという人もいる。中国語では〝恐归族〟kǒngguīzú という。文字通り「帰国を恐れる人々」という意味だ。

しかし、なぜあんなにも遠慮なく人に物を頼むのだろう。それもお金がかかり、相手に負担になることを知っているのに。お金の負担ばかりではない。炊飯器とか便器とか、持ってゆくことを想像するだに憂鬱になるようなものを平気で頼む。日本人には信じられない。

「そんな頼み、断ればいいじゃない」と、中国人の気の置けない友だちに聞いたことがある。彼は、微笑みながら、静かに言った。

中国人はね、人と人との関係というか、まあ貸し借りでもいいけど、それがより複雑になればなるほど、二人の絆が太くなり、強く結ばれていると感じるんだ。利害関係が交錯してぐちゃぐちゃで何が何だか分からない、そのほうが関係が安定すると思うところがある。だから、何か欲しいものがあれば、それを遠慮無く口にだして頼むわけだし、頼まれたほうも当然のように引き受けるんだ。

これがもし、「いや、特に欲しいもの、何もないよ」ということだと、何だか遠慮している、私と距離を置いている、二人の間にもう貸し借りを作らず、関係を清算しようとしているのでは……、そんな冷たい、いやーな雰囲気を感じとってしまうんだ。

なるほど。一言でいえば、まわりがみんな「親子」関係のようになれば安心するわけだ。親子の間には利害関係もなにもなく、互いに裏切らない。親は子のために犠牲になり、子は親のために尽くす。

日本人は「人に迷惑をかけない人間になりなさい」を至高の道徳律としている。あるいは「君子の交わり、淡きこと水の如し」を好ましい友だち関係とみている。飯を食って、「おごり、おごられ」の中国と、あっさりと割り勘にする日本。貸し借りなし、プラマイゼロが良いと考えている日本。いろいろな局面において日中、まさに正反対であることを知るべきだ。

江南スタイルと中国の「小さなリンゴ」

（一）

江南スタイルという韓国発のダンスが世界を風靡したことがあった。ところが日本ではさっぱりだった。中国帰りの友人も、さぞや日本でもと思って帰ってきたら、日本ではぜんぜんだったので、驚いたそうだ。

中国も含め、世界中で大流行したのに、なぜ日本では冷ややかだったのか。

おじさん風な男がくねくね踊っている。ああいうのはどうも日本人の肌に合わないようだ。そう、日本人の美意識に合わない。

品の悪い（失礼！）中年のおじさんが、みっともなく腰を振っている、こんなものが日本で流行るはずがない。ＰＳＹは「かっこよくない」。同じ韓国産でも少女時代とは違う。美男美女が居並ぶ韓流スターとも違う。

それもある。が、みんなで騒いで盛り上がる、という基本のところが違うのではないか。あのダンスはみんなが参加して「一緒に盛り上がる」そういう流行のしかたをした。そのあたりも、われら大和民族の嗜好に合わない。

日常生活で「騒いで盛り上がる」のは、うるさいと思われる。はた迷惑である。車でうるさいのは暴走族である。レストランでうるさいのは顰蹙ものである。バーなんかでも静かに酒を飲み、ひっそりとした会話をすべきものと心得ている。

お祭りのような「ハレとケ」のように、はっきりと、「今日は無礼講」とさだめられていないといけない。これなら非日常である。はっぴを着たりして、いつもと違う出で立ちをする。コスプレでもよい。ハローウィンの仮装でもよい。もう一つは「酔っぱらってしまえ」ばよい。

最近は龚琳娜の歌う神曲《忐忑》tǎntè が中国を風靡した。台湾でも公演したし、春節晩会にも登場した。口パクの物まねまで現れた。ともかく、みんなで騒ぐのである。

だいたいこういう歌を聴くときの会場の様子を見てみると、聴衆もみんな盛り上がっている。

老いも若きも一緒に騒いでいる。楽しまなきゃソン、みたいな感じがある。

日本でも確かに若者が集うライブ会場ではみんな立ち上がって盛り上がっているが、それは少し違うのだ。若者だけで、仲間内という感じだ。

中国のは路上で盛り上がり、街行く人が参加する。そこが一番違う。

日本の演歌などは、盛り上がるというよりは、鑑賞する、あるいは感傷にひたるタイプが多い。

日本は「かっこいい、クール」か、「かわいい」か、「セクシー」か、「おもしろい」かでないといけないのだ。

もちろんお笑いの中には、みっともなく、品がないものであふれてもいる。だが、それはだからこそ「笑いもの」になるのだ。決して人は彼らの仲間入りをして、一緒に踊ったりはしない。距離をおいて笑うだけだ。

(二)
話は変わるが、最近でくわしたジョークにこんなのがある。中国における英語の普及ぶりを窺わせるジョークだ。

An apple a day, keeps doctor away。怎么翻译？

四十岁的人翻译：日食一苹果，疾病莫缠我。

三十岁的人翻译：每天玩 iphone，博士毕不了业。

二十岁的人翻译：一天听一遍小苹果，医生都不敢来治我。

英語自体はよく知られているもので、「一日一個リンゴを食べれば、医者いらず」という諺だが、これを中国語で、年代別にどう訳すかという視点がおもしろい。

まず四〇代。

「一日一個のリンゴで、病知らず」

これはほぼ原文の意そのままだ。次は三〇代。

「毎日 i-phone で遊んでいると、博士の学位はもらえない」

apple と doctor の解釈が違っていて面白い。

次の二〇代を見て、私はハタと首をかしげた。〝听一遍小苹果〟というのが分からない。〝听〟というぐらいだから、なにか歌か音楽番組ということは見当がつくが、音楽に疎いせいか、笑うどころでない。

中国人の友人にメールをしたり、自分でもyou tubeで調べたりして得た知識は、こうだ。〝筷子兄弟〟という二人組のバンドがある。その最近のヒット曲が〝小苹果〟と言う名前で、これが大ヒットした。自分でもインターネットで検索して聞いてみる。なるほど叔父さんでもリズムにつられ体を動かしたくなる衝動に駆られる。歌は確かに耳に心地よく、リズムも分かりやすい。さびのところなど私でも口ずさみたくなるものだ。〝♪你是我的小呀小苹果，怎么爱你都不嫌多〟

YouTubeにはオフィシャルMVがアップされている。当然のように振り付けの踊りがついていて、それを指導したのが韓国の江南スタイルを指導した人と同じで、これまた街で踊るスタイルだ。裸で金髪のかつらをかぶって女に扮して踊るといった「品の悪さ」も前面に出している。

発売以来中国全土を席巻したらしい。歌番組ではトップ1に躍り出るわ、さらに勝手に踊りをつけたような模倣版のMVがどんどん作られアップされる。若者や可愛い萌え系の女子ばかりでなく、おかしなおじさん達の画像まである。

ここらあたりが日本と違う。街中でのパフォーマンスを見ると、買い物帰りのおばさんが、踊りの中に加わり、曲にあわせ腰をふっている。

日本でもこれに匹敵するものがあった。ＡＫＢ48の「恋するフォーチュンクッキー」である。かわいい女の子たちで、今一つ、人を引き込む「えげつなさ」には欠ける。これも背広姿のビジネスマンが踊っている画像はあったが、あれはやらせであり、きちんとした演出だ。

日本では酒でも飲まないと「はずかしさ」のタガははずれない。

第三章　折々のことなど

並び言葉

日本人ならまあ「松竹梅」や「猪鹿蝶」、「地震雷火事おやじ」ぐらいは知っている。では中国語の〝衣食住行〟yī shí zhù xíng や〝琴棋书画〟、qín qí shū huà〝鸡鸭鹅〟jī yā é（家禽）、〝酸甜苦辣咸〟suān tián kǔ là xián（味）はどうかというと、知らない人が多い。〝甲乙丙丁〟jiǎ yǐ bǐng dīng でも耳で聞くと分からない。五行の〝金木水火土〟jīn mù shuǐ huǒ tǔ も日本と順序が違う。

こういうような語が並んでいるフレーズを私は「並び言葉」と呼んでいる。

母国語のは知っているだろうが、これが中国語となると意外と知らない人が多い。

〝喜怒哀乐〟xǐ nù āi lè や〝子丑寅卯〟zǐ chǒu yín mǎo は日中共通だが、さすがに音を聞いて分かる人は少ない。〝你我他〟nǐ wǒ tā は語順に注意だ。五つの金属を並べた〝金银铜铁锡〟jīn yín tóng tiě xī はよく知られている。最後の〝锡〟を言わずに、〝金银铜铁〟である地名を当てよ、という字謎がある。答えは〝无锡〟Wúxī（無錫）だ。

太陽から近い順に惑星の名を「水金地火木土天海冥」などと覚えたり、虹の七色「赤橙黄緑青藍紫」は日中共通だ。同じく七文字〝柴米油盐酱醋茶〟chái mǐ yóu yán jiàng cù chá は〝开门七件事〟kāimén qī jiàn shì といい、日々の生活必需品を挙げる。とっておきに〝军师旅团营连排班〟jūn shī lǚ tuán yíng lián pái bān がある。これは軍隊の単位、日本人にはなじみが薄そう。

軍隊の編成単位、そのさわりを紹介しよう：

一个班大约由十名战士：一个排由三个班组成。一个连由三个排组成，加上连长，指导员，副连长，副指导员，各排排长，司务长等干部，有的连还配有炊事班，人数大约在１２０人左右。（以下略）

並び言葉とは私の勝手な命名だが、このほか文言の助辞を並べた〝之乎者也〟とか日本でも言われる〝生老病死〟shēng lǎo bìng sǐ がある。中国語の性質から作ろうと思えばまだ作れる。王朝名を古い順に並べた〝秦汉晋隋唐宋元明清〟qín hàn jìn suí táng sòng yuán míng qīng などもそうだ。もっと身近なところでは〝江河湖海〟jiāng hé hú hǎi とか〝男女老少〟nán nǚ lǎo shào がある。

バスに乗れば〝老弱病残孕专座〟lǎo ruò bìng cán yùn zhuānzuò という優先席がある。語学の学習の四スキル、〝听说读写〟tīng shuō dú xiě もそうだし、〝兄弟姉妹〟xiōng dì zǐ mèi なんてのもありだ。これが三字になると〝省市县〟shěng shì xiàn とか〝老中青〟lǎo zhōng qīng と数が減る。さらに二字になると〝兄弟、上下、左右、前后〟などだから、これはもう単語だ。

並び言葉は何故か後から思いついたり出会ったりすることがある。例えば次は三文字のものだが、〝数理化〟shù lǐ huà（数学、理科、化学）、〝工农兵〟gōng nóng bīng（労働者、農民、兵士）、〝德智体〟dé zhì tǐ（徳育、知育、体育）など。後の二つはやや古めかしいか。

次は四字で後から思いついたもの。〝笔墨纸砚〟bǐ mò zhǐ yàn（筆、墨、紙、硯）、〝经史子集〟jīng shǐ zǐ jí（経書、史書、諸子、詩文など文学書）、〝鳏寡孤独〟guān guǎ gū dú（男やもめ、寡婦、孤児、子供のない老人）。

また思い出したら紹介しよう。

印材と職人

石が好きで三百ぐらいはあるか。たいていは若いとき、一年半ほど北京に滞在していたときに集めたものだ。石には大きく分けて二つある。硬い石と軟らかい石だ。普通われわれが彫るのは軟らかい石だ。固い石は人の手では彫れない。玉とか水晶などで、機械彫りをする。だからどうしても柔らかな味が出ない。

よく石の上に彫り物が付いている。これを〝鈕〟niǔという。獅子や龍などがもっとも普通だが、ほかの動物のときもある。これに精巧か雑かがある。

大体いい石は腕のよい職人に彫らせるから、よいものができる。美術品としての価値があがる。

ところが、この〝鈕〟、一体誰が彫ったのか名前を知らない。

また、〝鈕〟とは異なり石の側面に彫るもので、薄ぼりというかレリーフ状のもある。これもなかなかの図柄である。石本来の文様を活かして、鳥や風水画などが彫られている。「月下独酌」

などと名前をつけていることもある。ところが、やはり誰が彫ったのかは分からない。作者名は明らかにされていない。

それに反して、ハンコに彫られている字が誰の手になるのかは大いにその石の価値に関係する。誰が彫ったかは普通分かるようになっている。〝側款〟cèkuǎnといって、いついつ私が彫りましたと側面に字を彫りつけ証拠を残すことが多い。つまり、文字を刻む人は名を残すが、石そのものを形づくる職人は名を残さぬということらしい。

最近中国から骨董ツアーで来日する骨董商が増えている。彼らが購入するものの一つに鉄瓶がある。これは骨董のプロだけでなく、普通の観光客まで買って帰る。そして面白いことに高価な南部鉄瓶など、誰が作ったか銘が入っている。オークションでも銀製のものや金製のものが競りにかけられ、数百万の値がつくことも珍しくないが、これらも「京鉄瓶　初代秦蔵六」のように誰の作であるかが示されている。もちろん、すべてがこうだと言うつもりはないが、概して日本は物作り職人を尊敬していると言えまいか。

「兄弟」と〝兄弟〟

日本語にも中国語にも「兄弟」という言葉はある。中国語では声調の違いで二つの語に分かれる。

A 兄弟 xiōngdì　1．兄と弟。2．兄弟のような人。3．兄弟に相当する。〝兄弟単位〟〝兄弟民族〟

B 兄弟 xiōngdi　1．弟。2．目下の人への呼称。3．男性のへりくだった自称。

このAとBは発音が違い、それに従って意味もはっきりと違う。

日本語の「兄弟」はAに近い。が、違いもある。例えばよく

「何人兄弟ですか？」

などというが、これは「あに、おとうと、あね、いもうと」を含む。「兄弟げんか」という言い方もそうだ。つまり、日本語で「兄弟」といえば、男兄弟だけでなく、姉妹も含まれる。

英語にもsiblingsという言葉があり、これは兄弟姉妹を指すと聞いたことがあるが、話し言葉で使う語ではないようだ。普段のおしゃべりでは次のように言う。

Do you have any brothers or sisters?

それでは「何人兄弟ですか?」は中国語ではどういうか。

你有几个兄弟姐妹? Nǐ yǒu jǐ ge xiōngdì jiěmèi ?

といい、中国の場合は、日本式ではなく英語式だということが分かる。中国語の〝兄弟〟には姉妹を含む用法はない。

ただ最近一緒に仕事をしている蘇紅さん（河南省出身）に聞いたら、興味深いことに〝姊妹〟という語には男の兄弟をも含む用法があるという。つまり、

姊妹几个? Zǐmèi jǐ ge ?

は「ご兄弟は何人ですか?」に相当するというのだ。〝姐妹〟という語はよく耳にするが、正直〝姊妹〟のほうはあまり聞いたことがない。辞書を引いてみると〝姊妹〟はイコール〝姐妹〟と出ている。〝姊妹〟や〝姐妹〟が男の兄弟をも含むというような記述は《现代汉语词典》のよ

うな辞書には出ていない。

したがって〝姉妹几个？〟が日本語の「ご兄弟は何人ですか？」に相当するというのは、方言的な色あいが強いようだ。

日本にはいろいろな地方から来た中国人がいる。そういう方がたにアンケートでもとれば、あるいは面白い傾向が出てくるのかも知れない。

そんな話を、知り合いの張娜さんにしたところ、彼女からこんなサイトがあると教えて貰った。(http://book.sina.com.cn/longbook/liv/1109834226_zhengbanyuwen/32.shtml) 覗いてみると、そこはなんと

〝宋美龄姊妹几个？〟Sòng Měilíng zǐmèi jǐ ge？

というタイトルで、まさにこの〝姊妹〟の問題を論じているではないか。宋美齢の三姉妹は有名だ。誰でも知っているだろう。宋藹齢、宋庆龄、宋美龄。だから答えは〝三个〟でよいのだが、中国の多くの方言では答えは〝三个〟ではなく〝六个〟になるというのだ。つまり三人姉妹の他に、男の兄弟：〝宋子文、宋子良、宋子安〟を含めるというのだ。〝姊妹〟には男の兄弟も含まれるということになる。

それではどこの方言にこのような現象が見られるのか。この文章が挙げているのは以下の方言である。かなり広範囲にわたるようだ。

山东方言、河南方言、江淮方言、湖南方言、吴方言、粤语、四川话、台湾闽南话

このように、山東をはじめとして河南省あたりから広く南方まで覆っている。これらの地域では次のような会話がごく普通に聞かれるという。

你家有姊妹几个呀？ Nǐ jiā yǒu zǐmèi jǐ ge ya ?

（お宅では何人兄弟ですか？）

——我家姊妹三个，我老大，还有一个妹妹，一个弟弟。Wǒ jiā zǐmèi sān ge , wǒ lǎodà , hái yǒu yí ge mèimei , yí ge dìdi .

（家は兄弟三人です。私が一番上で、妹が一人、弟が一人います）

このように〝姊妹〟は〝兄弟姐妹〟の意味で使われていることが分かる。〝姊妹〟がこのように男兄弟を含む例は中国の古典小説にもあるらしいが、現在の方言と一口にいってもそこにはまたさまざまな違いが見られるという。

これも右の記事からの情報だが、多くの方言ではもし男兄弟ばかりのときは、〝兄弟〟を使い、全てが女性、あるいは男女両性がいる場合は〝姊妹〟を使うという。また広州語においては、〝姊妹〟は最年長者が女性のとき、つまり姉と弟、姉と妹なら使えるが、兄と弟、兄と妹の場合

は使えないという。他にも微妙な使いわけがあるということだが、どうしてこういう現象があるのか、その説明はまた難しそうだ。

ただ、母系社会の痕跡がこのような形で残っているのではという説もある。現代は男性優位だが、かつては呼称のうえでも女性優位であったというのだ。

現在の普通話では、男性だけなら〝他们〟を使い、女性だけなら〝她们〟を使う。しかし男女まじっているときは〝他们〟のほうを使う。男性優位である。

日本語の「兄弟」がどうして姉妹をも含むのか、少し調べたくなった。

メトニミーとシネクドキ――比喩の話

比喩の話だが、メタファーのほかにメトニミーとシネクドキがある。

メタファーは隠喩といわれる。「ようだ」とか「まるで～のようだ」などの言葉がないやつで、それゆえ「隠」なる「喩え」である。

反対は明喩という。「ようだ」があるほうで、「リンゴのような頬」などと使う。こちらは直喩ともいう。

メタファーは分かりやすい。「地獄の職場」とか「目玉焼き」などだ。

これに対して、メトニミーとシネクドキは説明がいる。

瀬戸賢一『メタファー思考』（講談社現代新書）から引用する。

メタファー早分かり――「月見うどん」はメタファー、「きつねうどん」はメトニミー、「親子丼」はシネクドキ。また、「白雪姫」はメタファー、「赤ずきん」はメトニミー、「人魚姫」はシネクドキ。さらに、「たい焼」はメタファー、「たこ焼」はメトニミー、「焼き鳥」はシネクドキ。

メタファーは、類似性に基づく。より抽象的で分かりにくい対象を、より具体的で分かりやすい対象に《見立て》ること。（略）

メトニミーは、現実世界（民話のような想像世界も含める）のなかでの隣接関係に基づく意味変化である。「赤ずきん」は「赤ずきん」そのものを指すのではなく、赤ずきんをかぶった女の子（赤ずきんちゃん）を指す。（略）

シネクドキは、意味世界（私たちの頭のなかにある）における包含関係に基づく意味変化である。（略）「親子」という類で特定の種「鶏とその卵」を表し、「人魚」という類であの海に身を投げて泡と消えた「人魚姫」を表している。

これでもまだ分かりにくい。もう少し説明する。

メトニミーはちょっとずれて指示する。「黒板を消す」というが「黒板」は消せない。黒板の上にある字を消す。「一升瓶を飲み干す」というが、「一升瓶」は飲めない。中の酒を飲む。指示が近くのものに横滑りする。

シネクドキは意味の膨張、縮小である。「花見」といいながら、見るのは「桜」に限られる。花という類名で桜という種名を指す。「タマゴを買う」では必ず「鶏卵」を求める。「親子丼」はどんな親子でもよいのではなく、「鶏と鶏卵」に限られている。蛙とその子オタマジャクシなんかは出てこない。逆に「ごはんですよ」では「ごはん」は炊いたお米だけではなく、食べ物一般を指す。意味が伸び縮みする。

というようなことが、まあ大抵の本に書かれているが、こんな文を書いたのは、以前とある日本語学校の「日本語教師養成講座」で比喩の話をして、最後にテストを行った。そのときに疑問が生まれた。下線部は右で述べたどの比喩にあたるのか、という問題だが。

家族がかけつけたときには、彼はもう冷たくなっていた。

「冷たくなる」がこの場合「死亡」を表すことは明らかだ。冷たくなるで、ある特定のケース「死亡」を表すのだから、これは意味の伸び縮みでメトニミーと考えられる。

しかし、こうも考えられないか。これは時間がずれたシネクドキであると。「鍋をつつく」など、これまで見てきたシネクドキはいずれも空間的近接関係のものに限られていた。こんどは時間的近接関係である。例としては「お手洗いにゆく」がある。用事をすませ(e_1)、それから手を洗う（e_2）。言いたいことはe_1にありながら、e_2を言う。ゆえに、まず「死亡」（e_1）があり、そのあと冷却（e_2）が起こった。言いたいことはe_1にありながら、e_2を言う。

試験のあとの採点では、私は両方を正解にしてしまったのだが、今でもどうなのかなあと思っている。

季節のくだもの

中国には体によいことを表す諺や良い伝えが多い。私が知っているものでも二、三ある。
饭后百步走，活到九十九。Fàn hòu bǎi bù zǒu , huódào jiǔshíjiǔ .
春捂秋冻。Chūn wǔ qiū dòng .
最近人から教えて貰ったのに《什么是当季水果？》Shénme shì dāngjì shuǐguǒ ? がある。季節の旬な果物は何かというのだ。答えは以下だ。一月から十二月まで、季節の果物を推奨している。

一月专吃猕猴桃：Yīyuè zhuān chī míhóutáo ; キウイ
二月甘蔗营养高：èryuè gānzhe yíngyǎng gāo ; サトウキビ
三月菠萝正当令：sānyuè bōluó zhèng dānglìng ; パイナップル
四月山竹胃口调：sìyuè shānzhú wèikǒu tiáo ; マンゴスチン

五月草莓为上品：wǔyuè cǎoméi wéi shàngpǐn：イチゴ
六月水果属樱桃：liùyuè shuǐguǒ shǔ yīngtáo ：サクランボ
七月桃子全身补：qīyuè táozi quánshēn bǔ ：桃
八月西瓜暑气消：bāyuè xīguā shǔqì xiāo ：スイカ
九月葡萄抗氧化：jiǔyuè pútao kàng yǎnghuà ：葡萄
十月白梨把肺保：shíyuè báilí bǎ fèi bǎo ：梨
十一苹果人皆益：shíyī píngguǒ rén jiē yì ：りんご
十二桔子维C高：shí'èr júzi wéi C gāo ：みかん
反季水果莫久用、fǎnjì shuǐguǒ mò jiǔ yòng，季節外れの果物はあまり食べないように
对月吃果效最好。duì yuè chī guǒ xiào zuì hǎo．果物は旬のものが一番

月の果物を上げながら、その特徴を述べ、しかも韻も踏んでいる。そして最後には〝您喜欢吃什么水果？〟Nín xǐhuan chī shénme shuǐguǒ？と結んでいる。あるいは小中学生向けのものなのかも知れないが、外国人にはちょうど良いレベルの表現なので紹介してみた。

〝对号入座〟duì hào rù zuò という言葉について

この間、ある単語帳の編集をしていて〝对号入座〟という言葉にぶつかった。

これは文字通りに解釈すれば、〝对号〟は番号に合わせること、〝入座〟は座席に入るだから、映画や演劇を見るときに手元のチケットの番号に照らして座席に座るということだ。その人の指定席に座るということで間違いはない。

しかし、どうもそういう文字通りの意味ばかりではなく、比喩的というか、そこから派生した用法もあるようで、それが分かりにくい。

ウエブで検索してみると、中国人だってよく分からない人がいるようで、次のような質問がでていた。

有些网友在主帖后面写着〝欢迎对号入座〟，有些网友回帖说〝谢绝对号入座〟，请问这里的〝对号入座〟是什么意思？知道的请告诉我，谢谢。

ある人はツイッターの後ろに〝欢迎对号入座〟と書いているし、またある人は返事に〝谢绝对号入座〟と記している。いったいこの〝对号入座〟というのはどういう意味なのでしょうか、ご存じの方お教えくださいい、というのだ。

それに対する模範回答らしきものが出ている。それによると、次のようなことらしい。

例えばある人を取り上げて、その人に批判的なことを書いた。それを見た人が、これはてっきり自分のことをあげつらっていると考え、文句を言う。それに対して〝谢绝对号入座〟と言うようだ。つまり現存するある人を念頭に書いているわけではない。ましてやあなたではない、どうか自分のことだと思わないでください。

中国にはこういう伝統というか、あてこすりのようなやり方がある。学生の頃、よく北京放送を聞いたが、そのころ「孔子批判」を繰り広げていたが、それはどうも周恩来批判らしいということを聞いた。そういう回りくどいことをするお国柄なのだ。〝含沙射影〟hán shā shè yǐng（密かに人を誹謗中傷すること）という言葉もある。

もう一つ、質問の最初にある〝欢迎对号入座〟は、これはそのものズバリ「間違えないようにお入りください」ということだろう。

〝老外〟には分かるまい

中国の鼻息があらい。ドラえもんの中のジャイアンみたいだ。自信がついてくると、自国の言語にも誇りが出てくるようで、最近「中国語はこんなに精妙な言語である。外国人には分かるまい」といった話が多い。

例えば次は〝方便〟を話題にしたもの。

吃饭时，一人说去方便一下，老外不解，旁人告诉他〝方便〟就是：上厕所：

敬酒时，另一人对老外说，希望下次出国时能给予方便，老外纳闷不敢问：

酒席上，电视台美女主持人提出，在她方便的时候会安排老外做专访。老外愕然：怎么能在你方便的时候？

美女主持人说，那在你方便时，我请你吃饭。老外晕倒！

醒来后，美女主持人又对他说，要不你我都方便时，一起坐坐？老外又一次晕倒，再没有醒来。

次はよく試験にもでる〝意思〟をめぐる対話。

阿呆给领导送红包，两人的对话颇有意思。

★领导：你这是什么意思？

▲阿呆：没什么意思，就是意思意思。

★领导：你这就不够意思了。

▲阿呆：一点小意思，小意思。

★领导：你这人真有意思！

▲阿呆：其实也没有别的意思。

★领导：那就不好意思了。

▲阿呆：是我不好意思……！

〝意思〟は多義語である。一度辞書を引いておきたい。

もう一つ、中国語の語順の面白さを紹介しよう。

豊胸手術を受けた女性が、医師に「効果はどうでしょう」と聞く。医師は答える。次の四つのうちのどれかでしょう。

1．大不一样：

2．不大一样：

3．一样不大：

4．不一样大！

こういう話の最後にはよくこう締めくくられている。

世界上没有其它的文字能够有这样的功能，中文万岁！

（こんな芸当ができる言語は他にあるまい。中国語万歳！）

ジョークにおける古典の教養

電車に乗る。誰もがケータイをいじっている。中国でも同じような情況が見られる。最近面白かった一口ジョークにこんなのがある。

据说，现在尊重人的最高级别，就是在一起的时候不碰手机！能有多少人真正做到。（現代において人に対する最高級の敬意は、会っているときに携帯に触れないことだという。そんなことができる人がいるかねえ）

ケータイの跳梁跋扈ぶりが分かる。このケータイ、最近の「戯れ歌」の中でもエース級の活躍である。次は少々中国古典の素養を要するが。

少壮不努力，长大玩手机。春眠不觉晓，醒来玩手机。
举头望明月，低头玩手机。商女不知亡国恨，一天到晚玩手机。

夜夜思君不见君，还得埋头玩手机。亲朋好友如相问，就说我在玩手机。

待到山花烂漫时，我在丛中玩手机。问君能有几多愁，恰似一天到晚没完没了玩手机！！


最初の一句を見てみよう：少壮不努力，长大玩手机。

意味は分かるだろう。「若い時努力を怠ったので、大きくなってケータイをいじっている」というぐらいのことだが、最初の〝少壮不努力〟が古典詩に基づいている。正直、誰の何と言う詩なのか私も知らないが〝少壮不努力，老大徒伤悲〟というところだけは、中国人並に知っている。調べてみると漢楽府《長歌行》という古詩の最後の二句らしい。「若い時に勉強しておかないと、年とってから後悔しても遅いよ」という言葉だから、若者への小言にはうってつけの格言になっている。

次の一句はおなじみの〝春眠不覚暁〟を引いている。

春眠不觉晓，醒来玩手机。（春眠暁を覚えず、目覚めればケータイをいじる）

これは言うまでもなく唐代の詩人孟浩然の代表作《春暁》の冒頭の句。

次も有名な李白の《静夜思》〝举头望明月，低头思故乡〟から来ている。

举头望明月，低头玩手机。（頭を挙げては名月を望み、頭を低くしてケータイをいじる）

このへんあたりまではすらすら分かるのだが、その次あたりから怪しくなってくる。

商女不知亡国恨，一天到晩玩手机。

しかし、調べればすぐに出てくる名句である。杜牧の《泊秦淮》という詩からの一句で、〝商女〟とは「唱い女」のこと、ここは〝商女不知亡国恨，隔江犹唱后庭花〟という詩句で、〝后庭花〟とは正式名《玉樹后庭花》という歌曲のこと。南朝陳の皇帝陳叔宝は歌と色に溺れ、この曲を作り後宮の美女らと歓楽にふけったということから、この曲は亡国の音楽の代表とされる。したがってこの二句は「唱い女は亡国の恨みも知らず、江を隔てた向こうで高らかに《玉樹后庭花》を唱っている」という意味になる。杜牧が生きた晩唐の統治者への諷刺がこめられているとされる。それはともかく、ここでは

商女不知亡国恨，一天到晩玩手机。（唱い女は亡国の恨みも知らず、朝から晩までケータイいじり）

となる。

次はやさしい語句だが、出典となると、さあ分からない。

夜夜思君不见君，还得埋头玩手机。（夜な夜なあなたを思っているが、会えることは叶わず、それでもひたすらケータイ三昧）

これは宋代の李之儀の〈卜算子〉という作品からのもの。確かに次の句は私でも一、二度出会ったことがある。

我住长江头，君住长江尾：日日思君不见君，共饮长江水。（私は長江の川上に住み、あなたは長江の川下に住む。毎日あなたのことを思っているが、会うことはできず、ただ共に長江の水を飲んでいる）

そして次の〝亲朋好友如相问〟という句もどこかで何度か耳にしているはずである。

亲朋好友如相问，就说我在玩手机。

ここは王昌龄《芙蓉楼送辛渐》の詩のなかでは〝洛阳亲友如相问，一片冰心在玉壶〟となっている。意味は「洛陽の親しい友人が私のことをたずねたなら、伝えて下さい。私の心は玉の壺の中にある一塊の氷のように清らかで純なままですと」といったところか。詩の全文も示そう。

寒雨连江夜入吴，
平明送客楚山孤。
洛阳亲友如相问，
一片冰心在玉壶。

次の句〝待到山花烂漫时〟は毛沢東の詩《卜算子・咏梅》の中の句として有名である。

待到山花开满大地时，
梅花就在花丛中欢笑。

そして最後は宋 の李煜の《虞美人》からの句で、

问君能有几多愁，恰似一江春水向东流。

〝一江春水向东流〟というのは映画の題名としても記憶がある。

以上、古典詩を引用してのこの手の遊びは日本では見られないので紹介してみたのだが、この戯れ歌には実は「ケータイ」以外にバリエーションもある。次は〝帯孩子〟（子どもの世話をしている）というもの。

少壮不努力，长大带孩子。
春眠不觉晓，醒来带孩子。
举头望明月，低头带孩子。
商女不知亡国恨，一天到晚带孩子。
夜夜思君不见君，还得埋头带孩子。
亲朋好友如相问，就说我在带孩子。

待到山花烂漫时，我在从中帯孩子。

问君能有几多愁，恰似一天到晚没完没了帯孩子。

男がこんな嘆き節を語ろうものなら、女房に逃げられたような悲哀があふれる。他にもいくつかバリエーションがありそうだが、キリがないので、このあたりにしておこう。

台湾口調

私の知り合いで〝你知道吗？〟を口癖にする人がいる。「知っているでしょ」ぐらいの意味なのだが、話の端々にひょいと顔を出す。とくに気の置けない自分の知り合いに電話をしているときなど、よく使っている。

こういうのは一種の〝口头禅〟（口癖）なんでしょうね、とこれもまた別の中国人に話したら、〝你知道吗？〟は実は台湾ドラマによく出てくると教えてくれた。その影響ではないか、という。それは知らなかった。また、私は確かめようもない。台湾ドラマを見る世代でもなし、そう言われても実感としてはわかない。

ただ、大陸のほうではこういった台湾の口癖やら、まったりしたしゃべり方をマネするのがちょっとしたブームとなっているのは知っていた。

例えばトーク番組などで、芸能人が〝台湾腔〟で、つまり台湾風な口調でしゃべると何となくおしゃれな感じがするという。私などは、台湾口調というのは分かるが、それが「おしゃれ」だという感覚はない。あんな尻上がりの、まったりして、とぼけた口調のどこが「おしゃれ」かと思ってしまう。まあ、こういう感性に関わることはどうしようもない。

北朝鮮の、例の、誰でも知っている、ああいう戦闘的な口調をもちろん「おしゃれ」とは思わない。そういえば、昔中国が文化大革命なんぞをやっていたときは、あんな口調だった。考えてみれば中国の普通話もキンキンして固い感じがある。そういう事から言えば、南の、どこかほんわかとした物言いは、新鮮で、心地が良く、「おしゃれ」なのかも知れない。

大陸と台湾、もちろん語彙の違いはよく言われるが、語彙ではなく、言葉の用法そのものにも特徴があるのだという。例えば「前に、この間…」をいきなり〝之前〜〟と言ったり、「〜したことがある」と言うときにやたらに〝有〟をつけて、

我有去过日本。(私は日本に行ったことがある)

という。また、発言が続かなくなったり、話につまずいたりしたら、やたらに〝对!〟(はい、そうです)を連発したりして、これは何に対しての肯定か全く分からない。聞いている人は「一体、何が〝对!〟なんだよ」と突っ込みを入れたくなるそうだ。

この他にネット上で、台湾風しゃべり方を漢字で表記しているのがある。それが台湾のしゃべり方だと分からなければ、何のことだかさっぱり分からない言葉がたくさんある。例えば、

你造吗?=你知道吗?

これは要するに、台湾人が〝你知道吗?〟と言うときに、発音がはっきりしないので、大陸の人がそれをからかって、〝你造吗?〟と書き表しているわけで、こうなると先ほど行った「おしゃれ感覚」よりも、からかい半分の部分が多いように感じられる。同様な例に:

男票=男朋友　女票=女朋友　酱紫=这样子

などがある。台湾ドラマの主人公たちは、確かにこのようなはっきりしない発音をしているのだそうだ。

大陸の若者たち、結構台湾ドラマを見ていることが分かる。

はやりの〝花式〟

学生に〝花式〟という語を教えてもらった。どういう意味だろう。〝花〟というぐらいだから、おそらく「模様が派手な」とか「目にあでやかな」ということだろう。そしてこれは必ずあとに修飾する名詞がくる、つまり区別詞だ。

そこでウェブで調べてみると、いろいろな〝花式〟が出ている。

〝花式咖啡〟はバリスタが描き出す、模様つきのコーヒーのこと。確かに表面にきれいな模様がある。〝花式跳绳〟は縄跳びだが、いろいろな技巧を凝らして跳ぶやつだ。〝花式调酒〟となるとバーテンダーさんが曲芸よろしくチャカチャカやってカクテルをつくるさまが目に浮かぶ。〝花式铁板烧〟なんてのもある。これもステーキを焼くときに派手なパフォーマンスをするやつだろう。日本風のものでは〝花式寿司〟というのもあった。見た目にきれいな寿司が並んでいる。〝花式英文〟はアルファベット文字をカリグラフィーで書くものだ。これも派手で目に映える。他にも〝花式冰激凌〟（目にもきれいなアイスクリームの盛り合わせ）とか〝花式足球〟などが出ている。最後のはサッカーボールをリフティングしたりヘッドで扱ったりして華麗なパフォーマンスを見せることらしい。

ここらあたりまでくると、大体想像がつく。例えば以下のようなものも推測可能だろう。

花式游泳　花式溜冰　花式果盘　花式鞋帯　花式篮球

商売になりそうなのに〝花式棉花糖〟というのがある。これは綿飴だが、白いだけではない。色とりどりで、しかも花のようにきれいだ。縁日などで売れば結構いけそうだ。

ともあれ今中国では、このような派手で、人目を引くパフォーマンスや物品に注目が集まっていることが分かる。

かつ、それを〝花式〟という一語でもって掬い上げる言語の力に感嘆する。

日中「ゆく年　くる年」

正月になんと挨拶するか？　日本では「新年明けましておめでとうございます」だ。このあと「今年もどうぞよろしく」などと言う。

中国の元日、つまり新暦の一月一日はどうか。一日だけお休みで、そっけなく過ぎてしまうが、それでも一言：

新年好！

くらいは言う。一方、盛大に祝われる旧暦の一月一日、つまり春節はどうか。

新年好！　过年好！　春节好！　春节快乐！　春節愉快！

あたりが一般的だ。注意すべきは、日本語よりもバリエーションが多いという点だ。日本語は話しことばとしては、「明けましておめでとうございます」一本槍と言ってよい。

まだ新年に間があるとき、日本では「それではどうぞよいお年を」などと言うが、これに相当する中国語は、

祝您过个好年。
给您拜个早年。
提前祝您新年快乐。
提前给您拜个年。
提前给您拜年了。

などがある。〝拜个早年〟と言ったり、〝提前〟を添えれば、まだ新年ではないという意識が強いことが分かる。また、〝过个好年〟という言い方は中国ではあまり使わないという意見もある。ただ、日本に居る中国人は「言ったこともあるし、人から言われたこともある」という人が多いから、あるいは日本語の「よいお年を（お過ごしください）」の影響かも知れない。

日本でも中国でも新年までまだ間があればさすがに〝新年好！〟は言わないわけだ。だが、「まだ間がある」というのはどのくらいか。そこが日本と中国は違う。

日本ではともかく新年にならないと「明けましておめでとう」は決して口にしない。テレビなどを見ていても、きっかり夜中の十二時を打ってから「新しい年が明けました。新年おめでとう

ございます」と言う。

では中国のテレビではどうか。そこで中国の有名なＣＣＴＶの番組《春节联欢晚会》を覗いてみた。これはご存じのように、毎年大みそかの夜八時に春節を祝う、歌や踊り、寸劇などの総合バラエティ番組だ。

「二〇一三の〝春晩〟」、「二〇一二の〝春晩〟」、「二〇一一の〝春晩〟」の最初のところを見てみた。すると共通に使っているセリフが分かる。例えば二〇一三年の〝春晩〟のとき、司会者たちは六人いるのだが、次のように述べている。

〝亲爱的观众朋友们，大家（とここまで、一人のセリフで）过年好！（最後を司会者全員で）〟

〝我们台上所有的主持人给全国各族人民，全世界的中华儿女（ここまで一人で言い）拜年了！（最後を司会者全員で）〟

これ以外にも、司会者が六人もいるのだから、それぞれお祝いの言葉を述べる。それは例えば次のようなものである。

今天是个团圆的日子，……邀您一起共迎新春！（一人のセリフ）

今天是个喜庆的日子，……邀您一起举杯欢庆，同贺新喜。（一人のセリフ）

二〇一二年、二〇一一年の〝春晩〟でも似たり寄ったりである。とくに、

〝大家过年好！〟

〝（提前）给大家拜年了！〟

というセリフは共通で、〝过年好！〟と〝拜年了！〟はとにかく司会者みんなで声を合わせて言っている。〝过年好！〟のほうは、前に〝大家〟を付けて、「みなさん新年おめでとう」という感じで言う。〝拜年了！〟のほうは「新年の挨拶を申し上げます」という意味合いで、こちらは前に〝给大家〟とか〝给您〟を添えて「皆さんに／あなたに新年の御挨拶を申し上げます」といった感じになり、こちらのほうがやや生硬な語感がある。なお〝提前〟は付けたり付けなかったりだった。

日本の、例えば紅白歌合戦などと違うのは、《春节联欢晚会》も大みそかのイベントであるが、一年を振り返りその総決算というのではなく、もはや「新年を祝う番組」であることだ。日本は律儀にも十二時かっきりに「新年おめでとうございます」と言う。決して一秒でも早めに「おめでとう」を言うことはない。ところが中国の〝春晚〟は、もうはじめから新しい年がやって来たという雰囲気である。オープニングの歌でも〝恭喜恭喜〟とか〝春风〟とか、ともかく春節気分にあふれている。そもそも名前からして《春节联欢晚会》である。日本なら「正月特

番」「新春放談」などという番組は年が明けないと決してお目にかかれない。

ここらあたり、几帳面な日本と、数時間ぐらいどうだっていいじゃないという大らかな中国の違いが見える。

もう一つ、日本と中国の違いは、中国が豪華絢爛であるのに対して、日本も歌番組やバラエティなどそういう面もあるが、ＮＨＫの紅白歌合戦の華やかにして賑やかな場面から、次の「ゆく年　くる年」になると一転して静寂が訪れる。そこはもはや侘びさびの世界といってよい。二つは正反対のような対照を見せる。映し出されるのは福井の永平寺であったり、四国のとある村の名も知られていないお寺だったりする。静かに雪がふり、村人たちがほそぼそと寺に続く道を初詣のために急ぐ。喧騒と静謐。私たちの心は、このようにしてバランスをとっているのかもしれない。

私にも中国人の友人、知り合いがいる。彼らがくれる年賀状などでよく見かける文句は以下のようなものだ。いずれも四字熟語が中心だ。

祝你身体健康，工作顺利。

万事如意。

心想事成。
恭喜发财。
阖家平安。
马到成功。

こちらは基本的には書き言葉だ。話しことばはすでに見たように、よく聞かれるものとしては〝新年好!〟とか〝过年好!〟くらいしかないのだが、書き言葉となるとさまざまある。

暮れになると日本では年賀状の本が売り出される。そういう本を見ると、「さまざまなデザインの見本市」である。和風のものから、かわいい系、スタイリッシュなもの、写真を使ったものと、ともかくビジュアルを競っている。そして文字についてはありきたりである。「迎春」とか「謹賀新年」とあって、あとはせいぜいが「旧年中は大変お世話になりました。今年もどうぞよろしくお願いいたします」くらいで、ほとんどバリエーションがない。

他方、中国のは日本と正反対だ。つまりデザインを競わず、さまざまな文章の見本市である。ためしに中国のサイトで〝新春祝福语〟とか〝新年贺词〟と打ち込んで検索してみると、おめでたい言葉がこれでもかと出てくる。単なる語彙ではなく、ひと続きの文章になっている。例えばこんな感じである。

愿你一年３６５天天天开心，８７６０小时时时快乐，５２５６０００分分分精彩，３１５３６０００秒秒秒幸福。

天气变化无常，小心着凉，再次关心你几句：你要一戒脱衣，二戒晚归，三戒冷饮，四戒挑食，五戒冷浴，六戒酗酒，七戒蹬被子，八戒你明白了吗？

最後は〝八戒〟で「猪八戒」にかけている。これを賀状にしたためたり、短信といってメールで送ったりする。他人と同じ文面にならないように、こういう表現がそれこそ何千と用意されている。そこは日本の年賀状デザイン集と同じだ。中国は言葉のほうにこだわりがある。

中国骨董オークション観戦記

初めてオークションなるものに行ってきた。行ってきた、というよりは覗いてきた、見物してきた、というのが正しい。

なぜなら、オークションに参加してモノを競り落としたわけではない。早い話、オークションとはどんなものか見に行っただけだ。場所は東京の後楽園の中にあるプリズムホールで行われた。わが家から二〇分ぐらいのところだ。

日本にある中国骨董がいま里帰りしているという。

美術品はお金のあるところに集まるともいう。日本にある中国産の古美術が、再び生まれ故郷の中国へ買い戻されているのだ。

何しろついこの間まで、中国は骨董コレクションどころではなかった。文化大革命の時期は古い物を持っていると目をつけられ、つるし上げられ、批判の対象になりかねなかった。あの頃、文化財など価値あるものがずいぶんと日本を初め、香港など海外に流出したという。それが今、富裕層が増え、昔からの文物骨董趣味が復活しはじめた。手元にお金はある。古美術の価値はどんどんあがる。投資にもなる。一石二鳥だ。

そこで、中国からいわゆる「骨董ツアー」なるものが来る。一団体で数十人が来る。日本で開かれる「中国古美術オークション」を目指してやって来るのはたいてい骨董屋さんだという。いわばプロである。中国の市場ではどのくらいの値がつくかを熟知している。熱気を帯び高騰を続ける中国と比べると、いまや日本のほうが骨董品も安い。それに円安の影響もある。

さらに中国では骨董品を買うのは勇気がいる。値の張るものはとくに怖いという。ニセ物というか模造品の怖れがある。九割ぐらいがニセ物というその道の人の言を聞いたこともある。その点、日本で仕入れるものならまず安心だ。そんなわけで中国からは骨董ツアーが来るし、それを期待して日本では年に四回ぐらい春夏秋冬と中国人向けオークションを企画する。

今回のオークションは中国骨董の面では日本最大と言われており、競りに参加するためには保証金を払うのだが、それがなんと五〇〇万円ということであった。もちろん競り落とさなければ戻ってくるお金ではあるが、そのへんの個人がひょいと払う金額ではない。私はそのへんの個人であるから、パドルを手に競りに参加したわけではない。

オークションには「下見会」というのがある。内覧会ともいい、プレビューのことだ。私はこれも行ってみた。前の日に見に行くわけだ。もちろんカタログはあるし、サイトでもこのごろは出品作品を見ることができるようになったが、やはり実物を見るにしくはない。しかもケース越しに見るばかりか、頼めば取り出して見せてくれる。手で触れても良いし、写真撮影もＯＫだ。おかげで今回初めて噂に聞く「田黄」をこの目で見、この手でさわった。「田黄」とは福建の寿山石の一種で、黄色い半透明の印材である。ちなみに今回のオークションでは二千万円で競り落とされた。

石といえば思い出すことがある。私個人は、一九八〇年の前後、まだ三〇代の前半だったか、中国は北京に滞在したことがある。北京のある大学で、一年数カ月にわたって外国人専門家として日本語の教材編集や大学院の修論作成などを指導した。

そのころは中国も文化大革命の傷がようやく癒え始めた頃で、まだ改革開放経済が本格化する前夜で、今から思えば最も穏やかな時期であった。

外国人専門家ということで、人々の給与が六〇元ぐらいのときに、その十倍ぐらいの給料をもらっていた。ただホテル住まいのタクシー使いだから支出も多く、月末には手元にお金がなくなっていた。

土日などは仕事もないし、よく街に出かけた。もともと中国語教員であるから、街を見ておかなくては、社会を知らねばとか、まあともかく理由をつけて外に出た。お店などにも入るのだが、何しろ本以外は買う物がない。確かに食べ物などは日々買うが、あとはあまり買う物がないというのが正直なところだった。

その中で、唯一例外が、書画骨董のたぐいであった。私はとくに石が好きで、寿山石という福建産の印材などを求めて、ヒマなときに手にとって遊んでいた。玩物喪志という言葉があるが、まさに「玩物」である。そういう魔力が石にはある。

しかし、お金があるといっても、専門的に石に投資するわけではない。あくまで遊びである。素人の趣味の域を出ない。今思えば、あの頃「鶏血石」などはずいぶん安かった。もっとたくさん買っておくのだった。すべて後の祭りである。それでも二百個ぐらいは石を手に入れたし、こまごました骨董のたぐいを買っている。ただ高価な価値あるものではなく、あくまで小遣いで買え、自分が気に入った物だ。あの頃、もし本格的に骨董にめざめていたら、人生は変わっていただろう。

オークションは書画とか仏像とか茶道具とかいろいろな分野に分かれている。私は印材に興味があるので「文房四宝」のオークションめがけて出かけた。会場は下見会が行われたところで、すっかりオークション向きにしつらえてあった。中央の一段と高いところに、スライドが映し出され、競売品が紹介される。

壇上には数名の若い女性にまじって中年の男性がいる。この男性がオークションの進行をつとめる競売人らしい。会が始まると、大きな張りのある声で金額を言い、会場を盛り上げてゆく。言語は日本語と中国語だ。最後に「さあ最後の一声」という意味の〝最后一次〟と言って、数秒待っておもむろにハンマーを叩き「ハンマープライス」落札価格が決まる。

落札資格のある人は「パドル」を持っている。番号札である。実はパドルを持っている人はそんなには居ないことに気がついた。あるいは五、六人のグループで一つ申し込み、それで自分が欲しいものが競りにかけられたときに代わる代わるオークションに参加しているのかもしれない。

会場には三〇〇人ぐらいはいたと思うが、パドルの数は二〇ぐらいではなかったか。ただ電話で参加というのもあり、これはかなり活発に買い注文をだしていた。

会場の外の廊下にはコーヒーの接待などもあり、お客様にはずいぶん気を遣っているようだった。一〇時からはじまったオークションは昼まで続き、休みもなく午後へと続くようだった。お昼はどうするのかなと思っていたら、なんとお弁当とお茶が支給された。これには驚いた。私のようなただの見物客にも配られた。しかし、それは吉野屋の牛丼であった。中をあけると赤い生姜も入っていない、なんともこれ以上ないシンプルなものだった。日本人向けなら幕の内というところだろうに、中国人向けだからぶっかけ飯という風情の牛丼がかえって自然で好まれるのかも知れない。

ともかくウン十万とか数百万、数千万というお金がとびかう会場で、オークション進行とおなじくして、牛丼をかっこむ姿はなんとも中国的であった。

またオークションは、裕福な紳士がスマートにおしゃれにというイメージを持っていたが、会場ではネクタイを締めているような人は、警備員をのぞいて眼にしなかった。マカオのカジノでもそうだったが、ちょっと近所のスーパーへという感じで普段着でやってきて、何でもない顔でギャンブルをし、オークションをする、それが中国人だ。これは何だろう。あるいはわれわれのほうが異様に緊張民族ということかも知れない。

クアラルンプールとシンガポールへの旅

東南アジアに出かけた。といってもマレーシアの首都クアランプールとシンガポールの二都市だけだが。仕事といえば仕事だし、旅行といえば気楽な旅だ。

というのは、今回も懇意にさせてもらっている社長の誘いで、ここ一、二年出不精な私を見かねて、まだ足を踏み入れたことのない東南アジアの旅へと誘ってくれたのだ。

社長のK氏は、これまで中国で事業を展開してきたが、ここに来て、中国だけでは先行き不安ということで、チャイナプラスワンというのだろうか、東南アジアにもビジネス拠点を増やす心つもりらしい。

東日本大震災以降、日本に喜んで来るようなIT技術者が激減しているという。さらに、日本と中国や韓国との賃金格差が縮まっている。このままではこれまでのようにはゆかない。そんな、ビジネスに疎い私でも納得できる事情を話してくれた。

ついこの間まで、日本に来るということは「先進国に来る」ことであり、喜び勇んで中国や韓国から来日したものだ。それがあっという間の経済の逆転で、もう日本から戻っても「先進国帰り」という晴れがましさもなく、日本なんかに何をしに何年も行っていたの？　という目で見られるそうだ。それが北京や上海という大都市でならまだしも、地方の小都市あたりでもそんな雰囲気だというから、いかに日本のプレゼンスが低下しているかが分かる。

そんなこんなで、もはや中韓からの安定的な人材誘致は望めないとして、K氏は東南アジア、とくにベトナムやマレーシアをIT人材供給の場として狙いをつけ、今回の旅行となったようだ。もちろんこれまで何回も現地を訪れ、さまざまな情報を仕入れ、現地ですでに先行して動いている日本オフィスと連絡をとり、今回は新会社立ち上げの契約締結と、日本へ人材派遣のための現地の人の面接などを予定していた。地ならしは済んでいたわけだ。

羽田からまずシンガポールへ飛び、そこで機を乗り継ぎマレーシアのクアラルンプールへと向かった。羽田出発は夜中の十二時半であった。深夜の飛行は昔ヨーロッパに行くときに経験したことがあり、久しぶりの再体験だったが、正直年のせいかこれは辛かった。エコノミークラスで、席も二人に囲まれての真ん中。おまけに少し風邪気味で、体調がよくなかったので、身の置き所なし。のたうち回るわけにもゆかず、ひたすら夜明けを待った。ようやくシンガポール空港に着き、そこで乗り継ぎ、無事クアランプールに着いた頃はもう朝の八時頃になっていた。空港の作りというか配置も、慣れているそれとは違うようだがなんとか荷物を受け取り、あとはすでにホテルで待っているK氏と合流するだけである。

ホテルはConcorde Inn Kuala Lumpur International Airport Hotelと知らされている。エアポートホテルと言うぐらいだから、空港の近くに違いない。空港ビルの中、ということはあるまいが、歩いてゆける距離なのかもしれない。しかし電話番号も知らないので、ともかくタクシーをつかまえればよいだろうと考えた。

普通なら空港の玄関口でタクシーに乗り込んで行き先を言えば済むのだが、そうはゆかない。タクシーを利用するには、しかるべきカウンターに並んで前払いのクーポンを買わねばならない。しかたがない、列の最後尾について順番を待つ。やっと番になり、ホテル名を告げると、「それなら無料のシャトルバスが出ているから、タクシークーポンは要らない」と言われる。「バスはどこから出ているのか」と聞くと、ともかく外に出て右に行けとか言われる。

それではと、外に出てみる。右に行ってしばらく探してみるがどうも分からない。ここでK氏に電話をすると、「シャトルバスは乗り場が分かりにくいし、いつ出発するかも分からないから、やはりタクシーがよい」と言われる。しかたがない。もう一度空港の中にもどろう。と、一旦出てまた戻るのだから「何だお前は？」みたいに係員に止められる。いや、実は、と訳を話して、もう一度タクシークーポン売り場に並ぶ。お金も使うことになった。羽田で念のためとマレーシア・リンギットに数万だけだが両替しておいてよかった。

その後は、まあ順調だったのだが、初めての外国で、一人で勝手が分からないところでは何かとまごつく。社長とホテルで再会すると「結構、大変だったでしょう」と目がいたずらっぽく笑っている。自分でも経験済みで、そういう体験を私にも味わわせたかったと見える。

第四章　中国語の「教」と「学」

固有名詞は頭が痛い

中国語を学んでいる日本人にとって、いちばん頭が痛いことの一つ、それが固有名詞であることはもはや常識だろう。

早い話が、自分の名前、鈴木さんは世界中どこへ行っても「ミスター Suzuki」と思っていたら、中国、香港、台湾では「リンムー」と呼ばれる。佐藤さんはズオトンだし、長谷川さんはチャングチュアンとなる。わが名がどう呼ばれるのか、心得が無くてはかなわぬ。

話題の映画などもそうだ、有名どころでは日本名「嵐が丘」、中国語では《呼啸山庄》Hūxiào shānzhuāng という。原題は〝Wuthering Heights〟だ。

「風と共に去りぬ」は原題〝Gone with the wind〟からそのまま訳したのであろうが、中国では複雑だ。小説の翻訳名は〝飘〟Piāo という。そして映画のほうはまた別名《乱世佳人》Luànshì jiārén がついている。これらが話題になったら話が混乱して大変だろう。

中国映画『初恋のきた道』は、原題をご存じだろうか。《我的父亲母亲》Wǒ de fùqin mǔqin という。ここまでは知っている人は識っているだろうが、英語名までは知るまい。〝The Road Home〟というらしい。

小説の名もそうだ。《我是猫》Wǒ shì māo（我が輩は猫である）や《悲惨世界》Bēicǎn shìjiè（ああ無情）あたりはなんとか想像がつくが、《追忆似水年华》Zhuīyì sì shuǐ niánhuá とか《皆大欢喜》Jiē dà huānxǐ となるとどうか。一般の学習者では難しいだろう。それぞれ『失われた時を求めて』、『お気に召すまま』だ。

日本のアニメや漫画も中国で人気がある。その名前ももちろん中国語に訳されている。《灌篮高手》Guàn lán gāoshǒu は『スラムダンク』のことだし、《龙猫》Lóngmāo は『隣のトトロ』、そして《幽灵公主》Yōulíng gōngzhǔ は『もののけ姫』のこと、《火影忍者》Huǒyǐng rěnzhě なら『NARUTO』だ。

この他、最初にあげたように、人名もそうだ。有名な日本人でも中国読みされると全く分からない。例えば Zhītián Xìncháng とは誰か。織田信長である。本当に困る！

画家のゴッホは〝梵高〟Fàn Gāo というが、日本語では「ヴァン・ゴッホ」というのかと思っていたら、最近は「ファン・ゴッホ」というようだ。そう言えばワールドカップサッカーを見ていたらオランダチームで活躍した選手、名を「ファン・ペルシー」という。スペルをみると Van となっているではないか。これで昔はヴァンと読んでいたところを、今はより原音に近くファンと表記しているのだと知った。

最後にもう一つだけ、〝生物股长〟Shēngwù gǔzhǎng とは誰か。これは歌手のグループだという。〝股长〟とは係長というぐらいの意味だから、「生物係長」で「いきものがかり」のこと。

私の教科書作り

私はよく教科書を作る。きちんと数えたことはないが、五〇冊近くは手がけているのではないかと思う。

ときどき夢想するのだが、決定版と称される教科書があって、それでもう教科書作りはおしまい、となればよいのだが、そういうものでもないらしい。

私は「こんな教科書があってもいいかな」という、ふとした思いつきが出発点になり、その思いがイメージとして膨らんで、はっきりしたコンセプトというか形として想像できるようになると、では作ってみるかと動き出す。

作るうえで一つだけ守っていることは、「これまでにない工夫やアイデアが含まれている」ことで、それがなければそもそもやる気が起こらない。だから、私はあまり出版社に頼まれて作ることはしない。ほとんど自分から「こんなものを作りたいのだけれどもどうだろう?」と打診する。断られても、イメージとしてすでにできているから、どこかでいつかしら実現することが多い。

教科書なんか作るよりも、もっと研究活動をという声もある。しかし、教科書は学生が一年間付き合うものだから、見下すような考えはどうかと思う。教科書の質は直接授業の質に関わる。ただ教えるほうに研究の蓄積や問題意識がないと、学ぶほうもそれは感じ取るもので、教師にとって教える対象である言語と真摯に向き合い探究し続ける姿勢は大事だろう。

いま手がけている教科書に『音読中国語　入門編』（相原茂、蘇紅　朝日出版社）がある。誰もがうすうす感じていることだが、中国語は声を出して読む音読が重要だ。声調や発音が大切だし、それだけではなく音読しながら体全体で暗唱し、そらんじて身につけてゆく、そういう過程がどうしても必要ではないかと思う。言葉を学ぶとは「まねる」ということが欠かせないが、中国語はとくに音読し、暗唱し、型をまねることの重要性が感じられる。うまく説明できないが、音読という行為は理屈を超えたなにかを蔵していることは間違いない。

これまで音読を標榜している教科書がないわけではない。しかし、正直言って初級や入門期での「音読教材」は作るのが難しい。繰り返し読むに値する課文を作るのも骨である。今回それがどれほど成功しているかは教授者の判断に任せるしかないが、編者としてはでき得る限り「音読、暗唱」に耐え得るような課文を作ったつもりである。
さらに学生諸君が一つの課文を二〇回ぐらい音読するような「しくみ」も施してみた。あとは先生方のうまい指導を待つしかない。

そもそも「音読」にふさわしいのは初級後半から中級あたりの教材ではないか。中国では唐詩などを音読し暗唱しているようだが、日本で学生が学ぶ教材としてはもう少し普通の散文が望ましい。ところが、私などが学生時代に習ったのは「老三篇」という革命的な文章だった。言うまでもなく毛沢東の短文《为人民服务》、《愚公移山》、《纪念白求恩》である。
他には毛沢東語録なんかも読んだ。お上が覚えるべしというのは、大体政治色が強くて、あまり心に響くものがない。

しかし、これだけ文章があふれている現代中国である。すぐれた文章がないはずはない。是非、これこそはという名文をあつめ、『音読中国語　標準編』というのを編みたいと思っている。教師の皆さんにアンケートをするなりして推薦してもらい、是非実現したいと思っている。皆さんのご協力を今から乞うておきたい。

最近作った本に『いきなり本格派　中国語入門　君に捧ぐ永遠』（朝日出版社、殷文怡氏と共著）

がある。これは田原という作家であり、歌手であり、女優でもある、いわばマルチタレントとの共同制作である。

本文は作家が書いた恋物語である。「いきなり本格派」というのは、初級であれ、作家の感性を生かし、自由な課文を作ってもらえば結果としてある程度本格的なものになるのでは、という恐れからでもあった。

ただ、それで時間表現やお金の言い方や数字や年月日や量詞などが出てこない教科書になっても困る。といって、これらを必ず取り入れた課文をとお願いするのもためらわれた。

そこで、発音が終わって、すぐに本編にすすまずに、「ブリッジ課」というのを設けた。ここで、最低限必要なものは学んでしまおうという魂胆である。

かくて、田原さんには、もちろん一年生の語学教科書という縛りはあるわけだが、あまり語法ポイントを気にせずにストーリーを作ってもらえた。

私の教科書には「知っておきたい　語法知識」とか「これは知っ得　日中異文化」といったコラムが課末に配置されていることが多い。これはとくに義務的ではなく、余力のある人がざっと目を通せばよいぐらいに考えて付録のようにつけているのだが、これを授業で消化しなければいけないと誤解している方もおられ

るようで、「教える分量が多すぎる」とプレッシャーに感じる人もいるようだが、まったくそういうつもりはない。

同じようなコンセプトで作ったものに『きらきらの童年』（殷文怡氏と共著、朝日出版社）がある。ここにもブリッジ課を設けたが、この本ははじめにイラストありきで、中国の童年を描いたイラストから想起される課文を配してみた。これも類のないテキストに仕上がったと思う。

もう一つ、最近の工夫として「語法ポイント」を学んだら、すぐにその知識を練習するという「即練」を試みている。要するに「語法ポイント」と「練習」を同じページにレイアウトしている。昔は先に「語法ポイント」をやり、そのあとページを改めて練習問題をやっていた。これでもいいのだが、必ずといっていいぐらい、学生は前のページをめくる。そうすると、なんとなく教室がざわざわして、答えさがしのような様相を呈する。これをなくしたかった。

発音編について

内容はいつも変えるが私は「発音編」はほとんど変えない。これは発音の教え方はそう変える必要がないからだ。考えてみれば、発音をめまぐるしく変えるのはどうかと思う。自分なりに一番良いと思う教え方が確立すれば、それを続けてもよいのではないか。
　全く変えないかというとそうでもない。例えばこの間、複母音の三つのタイプを私はある時期まで次のように記述していた。

しりすぼみ型＞：はじめの音を強く、後が弱く。
　発展型＜：はじめ弱く、後を強く。
ひしもち型<>：＜と＞が合体した型。

　説明では「はじめの音を強く、あとの音を弱く」としていたが、これを「はじめの音は口の開きが大きく、あとの音は小さく」と改めた。aiという音の強弱は本質的に決まっているのではなくて、たとえばaiが第四声なら頭のaが強く、後ろのiが弱い。逆に第二声の場合は、頭のaよりも後ろのiのほうが強く発音されるだろう。つまり強弱は声調による。ここでの分類「しりすぼみ型」「発展型」などはあくまで口の開きの大小にもとづいている。そう考えて説明を改めた。
　また、発音ドリル、練習問題はできるだけ教科書によって変えるようにしている。最近はだんだんおっくうになってきていてあまり手を入れてないが、いま作っている教科書では、例えば「発音を聞いて声調符号をつけなさい」という問題で「Riben」や「Zhongguo」などと一緒に出していた「Aolinpike」を「Aoyunhui」と改めた。考えてみればわれわれは「オリンピック」とよく言うが、中国語では〝奥林匹克〟ではなく、〝奥运会〟のほうが自然でよく使う。当たり前のことだが、発音に関わることでも気がつけば直すようにはしている。

段さんの声

つい最近、私はＰＨＰ研究所から『基礎から学べる　中国語〈発音と文法〉』という本を出した。中国語の入門参考書だが、発音のＤＶＤ、それも八〇分ものをつけ、何よりも発音をしっかり身につけることに重点をおき、さらに後半は昔ＮＨＫのラジオ中国語講座を担当したときに作った素材「ミンミンとクロ」の話を収録した。

これは北京っ子ミンミンという小学生の女の子と、黒猫クロとのさりげない日常を描いたもので、当時もかなり人気があった。面白いのはこのクロが中国語を話すというところだ。

本ができあがって、さてこの「ミンミンとクロ」の話のＣＤ吹き込みとなった。問題は誰がクロ役を担当するかだ。普通の声では面白くない。なにしろ猫だ。

そこで思いついたのが段文凝さんだ。クロはオス猫だが、アニメでは少年の声はよく女性が担当している。よし、段さんに頼もうということになった。彼女はアニメ声を持っているのだ。

録音は無事すんで、効果も抜群だった。段さんはクロになりきってくれ、いかにもいたずらもののクロの感じがよく出せた。他の声優の皆さんも、それにつられてか、大熱演だった。

この本は本文のストーリーが六六課、まとめが一七課あるから全部で八三課ある。その前に発音編が七課あり、さらに発音編とストーリー編を橋渡しするものとしてブリッジ編を八課設けた。ブリッジ編は基本の基本となるやさしい文法事項や構文を紹介し、後半へのスムーズな導入を試みたものだ。そんなわけで合計九八課という大変なボリュームになった。それでもわれながらとても楽しい本になったと満足した。

おかげさまで評判がよく、売れ行きも好調らしい。八〇分もの発音DVD付というのも歓迎されたようだ。このあいだ、Amazon でレビューを見た。いろいろな感想がある中で、CDの録音に関するものが目を引いた。

「お話の中の会話は、それぞれ役の感情が良く出ているので、何度も聞いているうちに次第に文（セリフ）を覚え、まねながら口に出すことで、発音や、会話としての声調の特徴をつかむ練習にもなっています」

ミンミンはそれらしく、またクロはアニメっぽく、おばあちゃんはまたそれらしく、誰が話しているのかすぐ分かったほうがいい。ＣＤは音だけなので、セリフの声を聞くだけで誰の発話か、どんな場面か分かったほうがいい。とくにテキストを見ないで聞く場合にはそうだ。

ところがこんな声もレビューにあった。

「ＣＤの発音が、登場人物が演じすぎていて、登場人物の猫やお婆さんの話し方が印象に残りすぎです。このままの発音の仕方を日常会話ですると、言い方が使いにくい。」

なるほど、今度はいざ自分が話そうとすると、まさかアニメ声で発音するわけにはゆかないし、おばあちゃんの影響を受けた話し方もおかしい。段さんの迫真の演技が印象的すぎて、いざ自分が話そうとすると困ってしまう、という感想だ。

この感想にはなぜかうれしかった。ネイティブの皆さんの熱演によって、まさに一つの迫真の「中国語ワールド」がそこに出現した！　ということでもあるのだから。

言えそうで言えない中国語24

われわれは「鏡を見る」というが、この意味は単に「鏡」という物体を、「あ、あそこにあるな」と「見る」ことではない。そうではなく、「鏡に映った己の顔を見る」ことである。「テレビを見る」も似ている。これも「テレビという物体をしげしげと眺める」ことではない。「テレビで番組を視聴する」ことだ。

そこで中国語だが、テレビを見るのは〝看电视〟kàn diànshì と日本語と同じような言い方をするが、「鏡を見る」ほうは〝照镜子〟zhào jìngzi とまったく違う表現をする。さらにわれわれは「電話をする」とか「電話をかける」というところ、あちらは〝打电话〟dǎ diànhuà だ。〝打〟といっても「電話をぶつ」わけではない。

このようにモノには決まった言い方がある。これをコロケーションと呼ぶ。日本語では「将棋を指す」だが、中国語は〝下象棋〟xià xiàngqí と〝下〟を使う。それぞれ違うわけだ。だから単語だけを覚えていても役に立たないことがある。語と語の組合せ、中国語では〝搭配〟dāpèiというが、コロケーションが大事ということになる。

日本人の中国語学習者は一〇〇万人を優に超えるのだが、できると言われる人でも、中級あたりでさまよっている人が多い。その理由の一つは単語を知っていても、それをどう他の語と組み合わせて使うかというコロケーションの意識が希薄なためだ。語彙的な言語と呼ばれる中国語においては、この点はどんなに強調しても強調しすぎるということはない。

そんなことから、私はこれまで語と語の組合せの重要性については、ことあるごとに声を大にして叫んできた。教科書を編めば、その中で例を挙げて注意を喚起したし、辞書を編めば「常用組み合わせ連語300」というコラムを設け特別扱いしてきた。そしてこの度、遂にというか、とうとうと言うか、コロケーションを徹底的に身につける単語帳を編んで世に問うことにした。名付けて『亜鈴式で鍛える　中国語コロケーション999』（朝日出版社）という。

何故「亜鈴式」というような奇妙な名を冠したかは実物を手にとっていただくとして、ここではその中から典型的な例をいくつか問題としてお出ししよう。これはすべて［動詞＋目的語］構造のもので、先頭の動詞を当てて頂くものだ。しかも動詞はすべて一字、単音節のものに限ってある。

これは実はTECC受験者へのメールマガジンに数回にわたって出した問題だ。易しそうに見えて、これでも全問正解はなかなか骨であったと聞く。さて、皆さんはいかがであろう。全問正解なら「さまよえる中級者」卒業と胸を張ってよい。

◆言えそうで言えない中国語24　（　）内に動詞一字を入れなさい。

(1) 夢を見る→（　）梦
(2) 高熱を出す→（　）高烧
(3) 家が恋しい→（　）家
(4) 手術をする→（　）手术
(5) うなずく→（　）头
(6) 口を挟む→（　）嘴
(7) 酒をつぐ→（　）酒
(8) 料理を注文する　→（　）菜
(9) お金を預ける　→（　）钱

(10) スローガンを叫ぶ→（　）口号
(11) 表に書き込む　→（　）表
(12) 街へゆく　→（　）街
(13) 電話にでる　→（　）电话
(14) 目覚ましをかける　→（　）闹钟
(15) 子供をしかる→（　）孩子
(16) 果物をもぐ→（　）果子
(17) 列を作る　→（　）队
(18) 近道をする　→（　）近路
(19) 答案を採点する→（　）卷子
(20) 目薬をさす　→（　）眼药
(21) 木に登る　→（　）树
(22) 鉛筆をけずる→（　）铅笔
(23) 意見を述べる→（　）意见
(24) 犬を飼う　→（　）狗

答え：

(1)做 (2)发 (3)想 (4)动 (5)点 (6)插 (7)倒 (8)点

(9)存 (10)喊 (11)填 (12)上 (13)接 (14)上 (15)说 (16)摘

(17)排 (18)抄 (19)批 (20)点 (21)爬 (22)削 (23)提 (24)养

〝底〟と〝末〟

「月末」のことを中国語では〝月底〟とも〝月末〟とも言う。また〝年底〟とか〝年末〟という言葉もある。一方、〝周末〟とは言うが、〝周底〟はない。こういう非対称的な現象があると、気になってしょうがない。

思うに〝末〟は「すえ」であり「末端」である。つまり線条に伸びるものの末端を指す。「週末」とは月曜からはじまって火、水と線条に伸びてゆき、その最後の末端の土曜、日曜を指す。線条に細長く伸びる、一次元の終点を指す。

それに対して〝底〟は本来「そこ」であるから、空間的であり三次元のものの底である。日本語でも「靴底」や「船底」、「鍋底」などと言う。いずれも容器状のものの底を指す。

底といっても、容器状のものの内側だろうか、外側だろうか。例えば中国語の〝鞋底〟は辞書に〝鞋子着地的部分〟とあるから明らかに外側である。〝釜底抽薪〟という成語があるが、これも外側である。しかし〝锅底〟、〝船底〟などは内側と外側両方ありそうだ。まず〝锅底〟の例：

（1）她把大铁锅烧热，把很少量的油倒在锅底。〈内側〉
（2）马全有脸黑的像锅底，眼里像是冒火。〈外側〉
（3）人生就像一口大锅，当你走到了锅底，无论朝哪个方向走，都是向上的。〈内側〉

次は〝船底〟の例である。

（4）船底上全铺着木板，几百个人大声说话，大声欢笑，热闹极了。〈内側〉
（5）船翻了以后，大家忙着逃生，共逃出约三〇人，纷纷爬到船底上，当时大家齐喊：〝来人呀，快救命！〟〈外側〉

いずれも内外両方あることが分かる。

さらに有名な成語〝井底之蛙〟では内側しか考えられない。

以上は三次元のもので、かつ容器状のものについて考えたがこれを〝月底〟や〝年底〟に適応すれば、一カ月や一年という単位の時間がつまっている容器状のものの一番下の部分を指すということになる。そうすると〝年底〟なら十二月の底ととらえているし、〝年末〟ならば線条にのびる月日の一年の終点というとらえかただ。

線条の〝末〟は最後の一点を指す。〝末日〟は最後の日であるし、〝末班车〟も終電車である。〝期末〟は学期の終わりであり、〝始末〟は「初めから終わりまで」を指す。〝世纪末〟とは言うが、〝世纪底〟とは言わない。いずれも線条に流れる時間の「末」がイメージされる。

〝底〟がはっきりと容器状を呈していない場合もある。

(6) 恨不能钻到桌子底下去。

(7) 太阳底下无新事。

〝桌子〟や〝太阳〟が容器と見なせないことが一つの要因であろう。それでも、三次元であり立体的であり、空間が想定できることは間違いない。想定された空間の底辺というとらえ方である。点に対して面である。

次の例からも窺えるように、意味的にはほとんど同じである。

(8) 快到月末发工资的时间了。

(9) 离月底发工资还有一个星期，这几天怎么过！

ただ、使用頻度から言えば、〝月底〟のほうが〝月末〟を圧倒している。

なお、〝祝你过个愉快的周末〟は言えるが、〝周末〟を〝年末・年底〟〝月末・月底〟と入れ替えては成り立たない。それは、〝周末〟は休日になるから、「愉快に過ごす」というような表現が使える。しかし、〝年末・年底〟〝月末・月底〟は必ずしも休日ではないし、むしろ「年末」「月末」はいろいろと忙しいので、「楽しく過ごす」とは言えないゆえではないかと思われる。

カレンダー

「カレンダーが欲しい」そう中国語で言おうとして、ハタと言葉につまった。中国語には「カレンダー」に当たる単語がない。

一枚の紙に一月から十二月すべてが印刷されているのは〝年历〟niánlìという。「年間カレンダー」だ。

一枚の紙に、一カ月か二カ月が印刷されているのは〝月历〟yuèlìという。さらに一日一枚めくるものもある。これは〝日历〟rìlìだ。よくデスクの上に置かれたりするから〝台历〟táilì（卓上カレンダー）ともいう。

だが〝台历〟はイコール〝日历〟でもない。よく月単位のカレンダーで卓上に置くタイプのものだってある。〝台历〟は要するに形からくる命名だ。

そういえば〝月历〟でも壁に掛けるやつは〝挂历〟guàlì（壁掛け用カレンダー）などとも呼ばれる。〝挂历〟

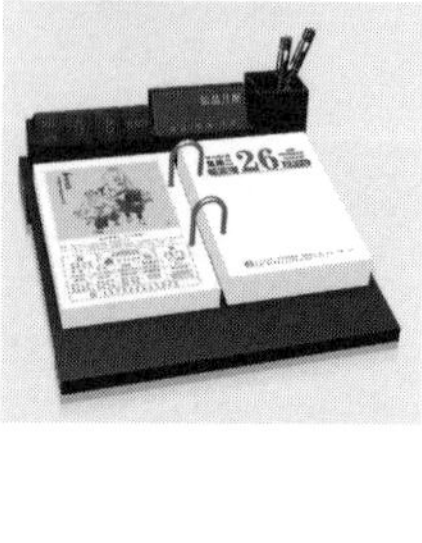

もまた形態による命名だ。

ともかく中国語のカレンダーの言い方は面倒くさい。

これは要するに中国語には一語で「カレンダー」に相当する語がないという話だ。それで思い出したのに「ペアルック」がある。

日本語はペアルックですべてのペアを表し得る。恋人同士でもよいし、親子でも、友だち同士でもよいだろう。ところが中国語ではどういうか。

情侣装 qínglǚzhuāng（恋人同士のペアルック）
亲子装 qīnzǐzhuāng（親子のペアルック）
夫妻装 fūqīzhuāng（夫婦のペアルック）

このように具体的に「誰と誰」のペアなのかを言う。つまり、その都度、言葉を用意しなくてはならない。おじいちゃんと孫がペアルックを着ていたら、さて何と言うのだろう。

これも日本語のほうに汎称があり、中国語のほうがいちいち具体的に名付けをする例だ。

『中国語類義語辞典』の編纂について

中国語は語彙的な言語と言われているが、意味のよく似た、紛れやすい語間の微妙な違いや用法の差異を明らかにする「中国語類義語辞典」は日本においては、いまだ本格的なものは編まれていない。

これは日本における類義語研究の特殊事情にもよるのではないかと考えている。個人的な話になるが、私は一九八七年一月から二〇〇三年四月まで十六年間『東方』誌上で延べ一九六回にわたって「類義語のニュアンス」という連載を有志の方々と始めた。これは研究者や大学教員による署名原稿であり、ほぼ小論文レベルのものであった。年に一回担当がまわってくるかどうかというのんびりした周期で、それだけにじっくりと準備をして質の高い原稿を書くことが出来た。それでも一六年間続けてなお二〇〇条に満たぬ量である。この成果は『中国語類義語のニュアンス　1、2』(一九九五年、二〇〇〇年)として東方書店から出版された。しかし「辞書」と銘打つには量的にも不足感は否めなかった。

一方、クオリティ的には非常に高く、これ以上のものはなかなか容易に作ることができず、結果として類義語辞典の編纂は手控え状態になってしまったきらいがある。

もちろん個人による類義語研究はこの時までも、またこれ以後も行われたが、個人の力では、一つ一つの類義語セットを解明し記述し、それを辞書に編むまでの分量にすることは、常識的に考えても容易なことではない。

ほぼこの時期に私はまた講談社で編纂中の『講談社　中日辞典』に文法の囲みや類義語コラムの執筆を求められていた。一九九七年頃のことである。類義語の原稿を何編か提出すると、ある日、辞書編集部の方が私をたずねてきて曰く。「先生、もっと短く、簡単に、要点のみをズバリと書けませんかねえ」。

どうやら「英語の学習辞典にあるように、簡潔に」ということらしい。確かに、英語の中高生向きのそれには次のような実にシンプルにして的確な類義語コラムが載っている。私も目にしたことがある。

【類義】りこうな
clever は「りこうな」の意の一般語だが、しばしば「抜け目のない」「ずるい」というニュアンスをともなう。wise は「正しい判断ができる」「賢明な」の意で、子どもにはふつう用いない。bright は「頭がいい」の意。smart はおもに《米》で「頭がいい」の意だが、「生意

気な」の意味にもなる。（『スーパー・アンカー英和辞典』学研、による）
私は言った。「英語は語学として長い研究の歴史があり、類義語の弁別もすすんでいるので出来るのです。今、東方で類義語のニュアンスという連載をしています。こういう基礎的なことをやって初めて英語のマネができるのです。あと一〇年はかかります」。実際一〇年どころではなかった。類義語の連載を初めてからほぼ三〇年の歳月が流れている。なお英語の簡明さに至っていない。ともあれ、このとき私は講談社の辞典におよそ三〇〇セットの類義語コラムを提供している。

二〇〇〇年の頃は、日中が国交回復してから二五年、中国語学習者の数は順調に増え、大学の第二外国語といえば当然のように中国語がトップを走っていた。それに合わせるかのように、出版各社からは中国語の辞書が相次いで企画されていた。私が編纂に係わったものだけでも三冊ある。

『はじめての中国語学習辞典』相原茂編　朝日出版社　二〇〇二年
『講談社　中日辞典　第二版』相原茂編　講談社　二〇〇二年
『東方　中国語辞典』相原茂、荒川清秀、大川完三郎主編　東方書店　二〇〇四年

この他にも小学館、三省堂、NHK出版、白水社などからも本格的な中国語辞典が陸続と上梓された。

それぞれいずれも個性があり特色も持つものであったが、私が係わった辞書では例外なく、類義語の弁別を重要視した。私は辞書には類義語の微妙な使い分け、意味的違いを明記すべしという信念があった。そう考えるには一つのエピソードがある。

昔、学生にこんな質問をしたことがある。

「一年間の中国語の授業を振り返ってみて、疑問に思うことや質問を三つ挙げなさい」。期末テストの一環として、答案用紙に書かせた。疑問一つにつき三点とか点数まで与えたから、みんな何かしら書いた。

その結果だが、中国語には活用とか難しい呼応などが有るわけでもない。疑問の大半は、文末の〝了〟とアスペクトの〝了〟の違いとか、〝走〟と〝去〟はどう使い分けるのかとか、〝生病〟と〝得病〟は意味が同じかといった、いわば「似たもの言葉」に集中した。発音の -n と -ng の違いが分からない等というのもあったが、これとて「似たもの音」である。ここから、私の標語の一つ：

中国語　疑問の半ばは　似たもの語

が生まれたのだが、中国語の学習では「似たもの語」つまり「類義語」の弁別が大事になる。その重要さはもっと認識されてよい。

このような思いから、私が編纂にたずさわった辞書では類義語弁別に一定のスペースがとられている。そうはいっても、それぞれの辞書には独自の編集方針があり、類義語の示し方も全く同じわけではない。しかし、弁別された成果の基本は同じである。そうでなければおかしい。私はこれらの成果を、一つは『講談社　中日辞典』に活用し、もう一つは『東方　中国語辞典』に活用した。二つの辞典に、やや形式を変えながらも得られた成果をともに利用し合うべきだと考えた。教育に関わる辞書であれば、ある程度の成果の共有は許されると考え、この点は出版社レベルで同意をとりつけ実現させた。

これでひとまず辞書への類義語情報の掲載を終えたのであるが、私の裡では類義語弁別はまだ終わっていなかった。一つは分量的に不満があった。まだまだ取り上げるべき類義語がある。特に日本人の学習者にとっては日常的な語句でも分からないものがあり、分からないということすら気付いていないものがある。そこで私は類義語スタッフとして改めて二四名ほどを指名し、引き続き原稿を作るプロジェクトを続けた。二四名を二班に分け、毎月誰かしら執筆を担当し、その成果を一つはＴＥＣＣ（中国語コミュニケーション能力検定）のホームページに、一つは中国語ドットコムのサイトに載せることにした。中国語ドットコムへの連載は「似たものことば」として、現在も続いている。

中国語ドットコムは民間の語学学校「ハオ中国語アカデミー」の運営するサイトである。わたしはここでも一般の学習者相手に類義語弁別教室を開いている。これは「類義語に専家なし」という私の考えに基づいている。

中国語学の他の分野、例えばアスペクトなら誰それさんが専門だとか、助動詞なら誰さんだというふうに、テーマによってそれが専門の人や、長年研究している人がいるものだ。だが、類義語は違う。類義語という漠然とした研究テーマはない。あるのは具体的な類義語弁別のみだ。〝在意〟zàiyì と〝介意〟jièyì の違いを明らかにしたからといって、その成果が次のテーマ〝开心〟kāixīn と〝高兴〟gāoxìng に生かせるわけではない。これはこれでまたゼロからその違いをさぐってゆかなければならない。次の〝漂亮〟piàoliang と〝美丽〟měilì 、〝好看〟hǎokàn についても同じだ。そもそも類義語弁別は、常に新しい視点、考えが要求される。これまでの弁別で有効だった「リトマス紙」が次回も有効という保証はない。故に「類義語に専家なし」という。

したがって、プロの研究者のみならず、アマチュアの学習者であっても、ある類義語セットに興味を持ち、それについて例文を集め、比較し、考察を深めれば、一定の成果は出せる。私はそう思い、またそのように実践してきた。「ハオ中国語アカデミー」の「類義語班」の受講生に類義語弁別に取り組んでもらい、その成果を本辞典にも取り入れたのはこういう理由による。

今回の類義語辞典の最大の特徴は、一編一編が読み物風のタッチを貫いたという点にあろう。これまでの辞書ではどうしても紙幅の制限が強く、無駄なことは言わず客観的記述に終止する。しかし、それでは一番肝腎な個々の語のイメージというか顔つき、性格、体臭が伝わらない。すなわちその語の語感である。

その語のイメージや性格をどうすれば伝えられるか。結局は、他のどのような語と付き合っているかとか、どういう場に出入りしているかとか、その語の行動範囲も含めた、性格を理解することだ。

担当執筆者によっては「こうではあるまいか」という大胆な仮説が含まれていることもあろう。分かりやすさを図り、その語の性格をやや誇張して描くこともあろう。科学的厳密さからいえば、小さなことも細大漏らさず記述することが求められる。しかし、その結果、本当に強調し描くべきことが、十分なインパクトをもって伝えられず、全体としてメリハリがなく、何を言っているのか分からない、イメージがつかめないということになっても困る。

母語を考えれば分かるだろう。類義語ペアといえど、それぞれの語について、ある大雑把なイメージなり語感がある。それがネイティブランゲージ、母語というものだ。

このような特徴を前面に出そうとすれば、ときに「単純化」は避けられない。私は昔、自分が編んだ入門テキストの中で、はじめて中国語の〝的〟が出てきたところで「〝的〟は「の」」などと教えて涼しい顔をしていたものである。中国語の〝的〟がイコール日本語の「の」で一〇〇%

置き換えられるはずはない。そんなことは分かりきっている。しかし、この単純な言い方で、中国語の〝的〟の七、八割の用法がカバーされていることも事実だ。まずこうやって理解しておき、勉強が進むに従って初期の像を適宜修正してゆけばよい。もちろんそれには初期の像が本質をついていることが望ましいが。

まずは特徴的なその語の像を描いてみせる。そうして異なる用法に出会えば、「ああ、こういう使い方もするのだ」「こんな顔もあるのか」ということで、修正してゆけばよい。その最初のイメージ付与が、これまでの教学の中で欠けていた。今回、類義語弁別の中で、はからずもそういう欠如部分が明らかになったのではないかと思う。

昔、藤堂明保先生とお仕事をさせていただいたとき、「〜へ行く」という意味の〝上〟を解釈して「晴れがましいところへ行く」と言われた。なるほど「上（うえ）」である。〝上学〟、〝上課〟、〝上班〟、〝上街〟などみんなそうだ。日本語でも「上京」などという。しかし〝上火葬场〟とか〝上厕所〟とも言うではないか。こういう例に出会って私は「晴れがましい」を密かに「公の、パブリックな」に軌道修正した。それもこれも最初の大胆なイメージ「晴れがましいところ」があればこそである。

本書は「辞書」であるから、署名には適さない。しかし、これまで述べたように類義語の弁別は一仕事であり、小論文をものするぐらいの時間と精力を使う。そういう意味では署名原稿とする理由がある。とくに、過去において「類義語のニュアンス」で担当したものや、サイトに発表した自作などを再び担当した場合は当然わが作品であり、署名の欲求にかられるところがある。実際、類義語のニュアンスの連載は署名原稿であった。

本辞典では、結局のところ折衷案に落ち着いた。すなわち辞書本文では署名はなしだが、誰がどれを担当したかは一覧の形で明記するというものだ。

本文で署名を避けた理由はいくつかあるが、一つは、本人が書いた原稿が一字一句違わず掲載されているとは限らない、という点である。編集委員が過目し、わたくし相原も最終的には眼を通している。大なり小なり手が加わっていると考えて良い。

しかしながら、その構想、観点など大部分はやはり執筆者のものであり、その名を明示する価値を持つと考えられる。ただ、すでに『講談社中日辞典』などでとりあげたものを担当した場合は、これまでの成果の再利用というケースであり、このような場合も考慮すると、まったくのオリジナルとは言えない。さらに、中国で近年良質の類義語弁別辞典などが出版されており、それらを参照した場合も少なくない。

このようなさまざまな点を勘案し、「辞書本文は無記名、別に担当者を明記」という方針にした。もちろん、今後の訂正や補充の便なども考慮した。

ここ十数年、中国においては「外国人向け、留学生向け」中国語教育、いわゆる〝対外汉语教学〟が盛んになり、ここにきて「類義語研究」は一つのホットアイテムになっており、この成果が最近陸続と出版されるようになってきた。ようやくわれわれが参考にすることのできる類義語関係の書籍が中国で整ってきたと言える。

このような時期に日本において、これまでの成果を取り込んだ本格的な「中国語類義語辞典」が編まれることの意義は決して小さくないと考える。

趣旨に賛同し、長い期間にわたり類義語に関心を寄せ、多忙を極める教学の合間を縫って、貴重な時間と精力を本辞典のために捧げてくださった執筆者の皆さんに感謝し頭を下げたい。

編集の労をとっていただいた朝日出版社の中西陸夫部長ならびに宇都宮佳子氏に感謝したい。またフリーの編集者佐藤嘉江子氏の全面的な協力を得ることができたのは本書にとっても編者にとっても幸いであった。

——朝日出版社『中国語類義語辞典』まえがきより

「風呂に入る」中国語

日本にはまだしっかりした「中国語類義語辞典」というべきものがない。中国語は語彙的な言語と言われるが、語彙数が豊富であり、沢山あるということは、それだけに微妙な使い分けや意味的な違いがあるということだ。それを知ってこそ十分に語彙を使いこなすことができる。

中国では最近になって外国人のための類義語辞典の出版がさかんになってきたが、それでも中国で編まれたものは、どこかまだわれわれの要求を完全に満たしてはくれない。

例えば、「風呂に入る」というような言い方。普通なら〝洗澡〟xǐzǎo という語がすぐに頭に浮かぶだろう。これ意外浮かばないというのが正直なところだ。ところが、中国人にとって〝洗澡〟とはどんなイメージか。辞書を引いてみると、〝用水洗身体，除去污垢〟yòng shuǐ xǐ shēntǐ, chúqù wūgòu と説明があるではないか。つまり「体を洗って汚れを落とすこと」だ。つまり、われわれの考えているような、「湯船にどっぷり体をつけてのんびりする」ようなイメージはない。むしろシャワーや行水だ。

日本的な入浴に近いものなら中国語では〝泡澡〟pàozǎo と言うべきだ。こちらも辞書に出ている。〝把身体浸泡在热水中洗澡〟bǎ shēntǐ jìnpàozài rèshuǐ zhōng xǐzǎo（体をお湯の中に沈めて体のよごれをとる）とある。用例の〝干了一天活儿，泡泡澡很舒服〟gānle yì tiān huór，pàopào zǎohěn shūfú（仕事が終わってからのひと風呂は実に気持ちがよい）も日本的入浴にふさわしい例文だ。

しかし、こういう〝洗澡〟と〝泡澡〟の違いなどはまず類義語辞典にとりあげられていない。やはり文化的な差異などはまだまだ気がつきにくいのだろう。

文化といえば、中国は〝面子〟miànzi 社会といわれる。その面子にまつわる言葉も多い。例えば次のようなさまざまな言い方、ニュアンスや用法を明確に区別できるだろうか。

爱面子 ài miànzi　留面子 liú miànz　赏面子 shǎng miànzi　给面子 gěi miànzi

讲面子 jiǎng miànzi：丢面子 diū miànzi　没面子 méi miànzi

またさらには次のようなセットもよく分からない。いずれも「口紅をぬる」とか「口紅をつける」だ。

擦口红 cā kǒuhóng　抹口红 mǒ kǒuhóng　涂口红 tú kǒuhóng

こういう項目も出ているような、そんな日本人学習にやさしい『中国語類義語辞典』を編みたいと思っている。

私はすでに類義語辞典を編んでいるが、いま挙げたようなセットは取り上げられていない。後につづく人が多くの人々の協力を得て、内容をふくらませていただきたいと願う。

あとがき

この手の「語学エッセイ」と呼ばれる文章を書き始めてから何年になるだろう。本としてはもう十冊ぐらいになる。こういう文章スタイルがよほど自分の嗜好と合っていたのだろう。それをまた出版し続けていただいた現代書館と、寛容にも編集の実務をとっていただいた同社編集部の吉田秀登部長にはお礼の言葉もない。

今回の出版はこれまでとやや異なる。一つは前著『未知との遭遇』から二年ほど期間が空いたこと。文章を書く頻度というか、書くための契機が減少したと見える。もともと義務で書いているわけでもないので、年齢と共に興趣や熱意が衰退しているのであろう。これはしかたがない。

もう一つ、大きな傾向がある。今回の書名は『中国人は言葉で遊びたがる』というのだが、題名から察せられるように、中国のジョークや言葉遊びを多くとりあげた。そして、これまでは几帳面に中国語の原文にピンインをつけ、さらに訳文も添えていたところ、今回はピンインも訳文も省いて、無し。というケースが結構多い。

これも加齢からくる無精、という側面が否めないのだが、しかし冗談や言葉の洒落が分かるほどの実力者がこの本の読者なのだ。そういう読者にピンインなど要るのだろうか。訳などいちいち付さなくても、ぱっと分かるから笑えるのではないか。かえって訳文は余計なお世話ではないのか。今回はそんな思いにかられ、結局あちこち原文のみ、というところが少なくない。

参考書や教科書と違い、こういう本が出せるのは実のところ本当に嬉しい。内容については、まわりの中国人によく質問を浴びせた。本になって初めて、あのとき、私がしつこくおかしなことを聞いていたのはこのせいだったのか、そう納得してもらえるだろう。

また次の「語学エッセイ」に向けて、もぞもぞ動き出しますので、どうぞよろしく。

二〇一六年五月

相原　茂

相原　茂（あいはら　しげる）
一九四八年生まれ。東京教育大学大学院修士課程修了。中国語学専攻。明治大学助教授、お茶の水女子大学教授を経て、現在中国語教育の第一人者として活躍中。TECC中国語コミュニケーション協会代表。NHKラジオ、テレビの中国語講座も長年担当。
主な編著書に、『雨がホワホワ―中国語のある風景』『北京のスターバックスで怒られた話―中国語学エッセイ集』『ちくわを食う女―中国語学者の日中異文化ノート』『ひねもすのたり中国語―日中異文化　ことばコラム』『ふりむけば中国語』『マカオの回遊魚―痛快！　日中ことばコラム』『中国語　未知との遭遇』『読む中国語文法』（以上、現代書館）、『午後の中国語』『Why？にこたえるはじめての中国語の文法書』（共著）（以上、同学社）、『中国語学習ハンドブック（改訂版）』（大修館書店）、『中国語の学び方』『あ、知ってる中国語』（以上、東方書店）、『はじめての中国語学習辞典』『ときめきの上海』『発音の基礎から学ぶ中国語』『中国語類義語辞典』（以上、朝日出版社）、『必ず話せる中国語入門』（主婦の友社）、『「感謝」と「謝罪」』（講談社）、『はじめての中国語「超」入門』（ソフトバンク新書）、『笑う中国人』（文春新書）など。
著者ホームページ　http://maoroom.jp/

中国人《ちゅうごくじん》は言葉《ことば》で遊《あそ》ぶ

二〇一六年七月二十五日　第一版第一刷発行

著　者　相原　茂
発行者　菊地泰博
発行所　株式会社現代書館
東京都千代田区飯田橋三―二―五
郵便番号　102-0072
電　話　03（3221）1321
FAX　03（3262）5906
振　替　00120-3-83725
組　版　ディグ
印刷所　平河工業社（本文）
東光印刷所（カバー）
製本所　積信堂
装　幀　中山銀士＋金子暁仁
挿　画　相原　茂

校正協力・吉沢里枝子
 ISBN978-4-7684-5787-0
定価はカバーに表示してあります。乱丁・落丁本はおとりかえいたします。
http://www.gendaishokan.co.jp/

現代書館　相原茂・中国語エッセイ集

ひねもすのたり中国語

日中異文化 ことばコラム

中国語教育界の第一人者の著者による中国語をめぐる楽しいエッセイ集。現代中国のさまざまな風俗や、新しいトレンドなど中国の流行を紹介。豊富な話題で中国語学習者ばかりでなく、誰もが楽しめる最新中国エッセイ集。

1800円＋税　ISBN978-4-7684-5627-9

ふりむけば中国語

エッセイの名手にして、中国語学の泰斗の相原茂氏による語学エッセイ集。軽妙洒脱な楽しい大好評、語学エッセイシリーズ。シリーズ第５冊目では、激変を続ける隣国の意外な素顔を中国語例文と、愉快なイラストとともに紹介する。

1800円＋税　ISBN978-4-7684-5651-4

マカオの回遊魚

痛快！ 日中ことばコラム

中国人と付き合うコツは？　元気いっぱいに見える中国人の意外なホンネは？　国全体が未来に向け疾走している現在の中国とさまざまな異文化交流も深まっている。中国人のホンネを中国語の例文とともに詳細に解説する。

1800円＋税　ISBN978-4-7684-5676-7